Abtprimas Notker Wolf

Die Kraft, dein Leben zu verändern

Das Buch

Konflikte scheut er nicht, noch lässt er sich den Mund verbieten. Er attackiert die Bücklingshaltung und nennt Betonköpfe Betonköpfe. Ob er sie in den Gewerkschaften antrifft, bei Wirtschaftsbossen oder in der Kirche. Gegen die Kultur der Angst setzt er auf eine Freiheit, die ihren Grund hat. Woher rührt diese innere Haltung, die Notker Wolf so souverän und gelassen macht? Der oberste Benediktiner, der bekannteste Mönch Deutschlands, ist da klar: Die Verankerung in Gott schenkt uns unseren Eigenwert und unsere Würde – unabhängig davon, welchen Stellenwert wir in der Gesellschaft haben. Im Kloster wird sie eingeübt, unter Christen sollte sie selbstverständlich sein, und auch eine Gesellschaft lebt davon. Es geht um die Kultur der Menschlichkeit. Innere Sicherheit ist die Basis. Sie wächst, wenn wir lernen, Maß zu halten und Distanz haben zu uns selbst – indem wir offen bleiben für andere, uns einlassen ins Leben und auf die Liebe, die uns begegnet.

Der Autor

Abtprimas Notker Wolf OSB, geb. 1940, Dr. phil.; 1961 trat er in die Benediktinerabtei St. Ottilien ein und wurde 1977 zum Erzabt gewählt. Seit 2000 ist er als Abtprimas des Benediktinerordens mit Sitz in Rom der höchste Repräsentant von mehr als 800 Klöstern und Abteien weltweit. Bei Herder u. a. die Bestseller: „Gönn dir Zeit, es ist dein Leben"; „Die sieben Säulen des Glücks".

Abtprimas Notker Wolf

Die Kraft,
dein Leben zu verändern

Das kleine Buch der wahren Freiheit

Herausgegeben von Rudolf Walter

HERDER

FREIBURG · BASEL · WIEN

HERDER spektrum Band 6663

Lizenz Verlag Herder. Titel der Originalausgabe:
Das kleine Buch der wahren Freiheit

© Verlag Herder GmbH, Freiburg im Breisgau 2014
Alle Rechte vorbehalten
www.herder.de

Umschlagkonzeption: Agentur RME Roland Eschlbeck
Umschlaggestaltung: Verlag Herder
Umschlagmotiv: © dpa Picture-Alliance

Satz: Arnold & Domnick, Leipzig

Herstellung: CPI books GmbH, Leck

Printed in Germany

978-3-451-06663-4

Inhalt

Vorwort

Wir erleben etwas Unerwartetes: Freiheitsbewegungen flammen auf, gegen alle Widerstände und auch in Ländern, in denen man das nie erwartet hätte. Ob in Tunesien, Ägypten, Lybien, Syrien oder Jemen – Menschen gehen auf die Straße und riskieren ihr Leben. Diktaturen kommen ins Wanken. Dass wir ohne Angst und Zwang leben können, dass unsere Würde geschätzt wird, das gehört offensichtlich zu unseren tiefsten Sehnsüchten und Naturinstinkten. Es ist nicht weniger stark als die Sehnsucht nach Leben und Anerkennung, wie Hunger, Durst und Schlafbedürfnis. Ich bin überzeugt: Der Freiheit gehört die Zukunft, und unsere Zukunft werden wir ohne Freiheit nicht bewältigen. Wir müssen uns dessen neu bewusst werden, auch bei uns. Von ihrem Wert zu reden, in der Politik, in der Wirtschaft, in der Kirche – das klingt selbstverständlich und ist es doch nicht. Warum?

Auf meinen Reisen komme ich immer wieder auch nach Asien: ein Kontinent, der wirtschaftlich mit einer rasanten Dynamik boomt, wie wir uns das vor einiger Zeit noch nicht vorstellen konnten. Ein Amerikaner sagte mir kürzlich erschrocken: „Halb Amerika gehört bereits China." Und nannte unglaubliche Zahlen über Firmenaufkäufe, Immobilienerwerb, Finanzbeteiligungen. Und in Afrika hörte ich: „Halb Afrika gehört bereits China" – es war ein Bischof aus Sambia, der mir das sagte: „Unser Land gehört uns gar nicht mehr." „Wieso?", fragte ich. „Nicht nur der Kupfergürtel ist von China aufgekauft, ganze Landstriche, riesige Ackerflächen sind inzwischen in chinesischer Hand. Sehen Sie sich in Dar-es-Salam um, die Geschäfte sind nicht mehr von Afrikanern besetzt." Und wer von Nairobi nach Dubai fliegt, wird feststellen: Die Businessclass ist fast ausschließlich von Chinesen eingenommen.

China schiebt sich wirtschaftlich nach vorne und zieht nicht nur an den Entwicklungsländern, sondern auch an traditionellen Industrieländern vorbei. Wir werden uns auf diese wirtschaftliche Dynamik einstellen müssen. Trotzdem, und obwohl ich diese Entwicklung schon lange prophezeit habe: Ich bin auf lange Sicht nicht überzeugt vom chinesischen Modell. Es funktioniert im Moment wegen des massiven Protektionismus. Aber auf Dauer benötigt die Wirtschaft und braucht eine Gesellschaft etwas anderes: freien Wettbewerb und vor allem Innovation. Und die werden nur aus der Freiheit geboren. Entwicklung, gerade auch der Wirtschaft, Wissenschaft und Technik, ist nur da möglich, wo es wirkliche Freiheit gibt.

Auch in der Erziehung wird in der jüngsten Zeit immer wieder das asiatische Modell gerühmt. Fasziniert sprechen sogar die Feuilletons von den Erfolgen der „Tigermütter", die angeblich durch Zucht und Drill den Erfolg ihrer Kinder produzieren. Ich habe bei vielen Besuchen gesehen, wie Schülerinnen und Schüler in Südkorea bis zu zwölf Stunden pro Tag im Sprachlabor lernen. Ein bewundernswerter Fleiß. Aber als ich eines dieser Kinder abends ansprach: „Hello, good evening, how are you?", erntete ich Unverständnis. Diesen Satz hatten sie nicht auswendig gelernt. Ein System, das im Auswendiglernen besteht? – Ich bin überzeugt: Das ist nicht der Weg in die Zukunft. Dieser Weg führt nur über wirkliche Bildung – und damit über die Freiheit. Bildung heißt für mich Befähigung zu Freiheit, Kreativität und Verantwortung, nicht nur fachliche Ausbildung und Vermittlung von Inhalten. Sie bedeutet, dass wir einem jungen Menschen Zukunftskompetenz vermitteln, damit er selber sein Leben gestalten kann, es aus eigener Initiative in die Hand nehmen kann, eigenverantwortlich und mitverantwortlich für die Gesellschaft, dass er gesellschaftsfähig wird und gleichzeitig seinen eigenen Wert erfährt. Freiheit der Gesellschaft und Freiheit des Einzelnen hängen eng zusammen.

Wo immer ich mit Menschen zusammenkomme, versuche ich klar zu machen: Im Grunde genommen brauchen wir sehr wenig, um glücklich zu sein. Aber was wir uns nie nehmen lassen dürfen, ist unsere Würde und unsere Freiheit. Es darf nie ein Ziel sein oder in Kauf genommen werden, dass wir in einem Kollektiv untergehen. Nur Bildung in einem umfassenden Sinn ist Garant und Ziel dieser Freiheit.

Bildung ist der Schlüsselbegriff, der die Freiheit des Einzelnen und der Gesellschaft verbindet. Menschliche und charakterliche Kompetenz sind die Schlüsselqualifikation einer humanen Gesellschaft. „Was hilft es dem Menschen, wenn er die ganze Welt gewinnt, aber Schaden nimmt an seiner Seele", heißt es im Neuen Testament. Wir brauchen also eine Vision der Zukunft, die den Menschen wieder in den Mittelpunkt stellt, seine Freiheit und sein Glück, die Entfaltungsmöglichkeit seiner Seele. Als Menschen mit Menschen für eine menschliche Zukunft zu arbeiten, in der wir noch freie Menschen bleiben, das ist, glaube ich, die beste Nachhaltigkeit, für die wir sorgen können.

Es geht, wenn wir von Bildung sprechen, nicht darum, dass wir ökonomisch erfolgreiche Wirtschaftsexperten heranzüchten, die vor allem an ihrem individuellen Erfolg interessiert sind. Freiheit ist nicht isoliert meine individuelle Freiheit. Sie ist immer auch die Freude, auch mit anderen zusammen zu sein. Freude an der Freiheit ist immer auch Freude an der Freiheit der anderen. Damit ist sie etwas ganz anderes als selbstbezogene Willkür.

Diese Freiheit beinhaltet auch die Freude daran, Herausforderungen anzunehmen und sich nicht nur immer hinter abgeschirmter Sicherheit zu verstecken, Aufgaben zu bewältigen und etwas zu bewältigen, lernen zu wollen und dadurch auch Bestätigung zu finden, streben zu können – nicht nur im Verfolgen eigener Interessen, sondern in der Absicht, etwas Gutes zu verwirklichen. Ich habe diese Freiheit, nicht weil ich unter Druck stehe, sondern aus Respekt vor mir selber. Und umgekehrt: Weil ich die Freiheit selber hochhalte und sie auch für mich einklage, schätze und respektiere ich sie auch bei anderen – und ich räume sie dem anderen auch aktiv ein. Dieser Respekt ist es im Übrigen, der uns demokratiefähig und dialogfähig macht. Nur so können wir den Menschen auf eine humane Zukunft hin bewahren – gegenüber allen Versuchungen des Kollektivismus, die in allen Systemen existieren. Freiheit bedeutet nicht Gleichmacherei, sondern Anerkennung von Vielfalt. Dialog ist die Form dieser Anerkennung von Vielfalt. Vielfalt ist die Bereicherung. Europa hat gerade in unserer Situation der Globalisierung die große Chance, der Welt zu zeigen, welcher Reichtum in der Vielfalt seiner Kulturen liegt – und auch klar zu machen, welche wichtige Rolle Religion dabei spielt.

Freiheit ist nämlich nach christlicher Überzeugung das größte Geschenk, das Gott uns gemacht hat. Aber sie ist gerade dadurch auch Verpflichtung. Der Glaube, dass wir Geschöpf sind, geschaffen als Ebenbild Gottes, macht die Würde des Menschen aus. Und es gehört zu unserem Erbe, dass wir dafür eintreten. Es ist das Erbe des Christentums und das Erbe Europas für die Welt von heute.

Friedrich Schiller ließ seinen Helden Don Carlos „Gedankenfreiheit" fordern. Das gehört zu diesem Erbe dazu. Die Freiheit selber zu denken und unsere Überzeugung offen zu äußern, sollten wir uns nicht nehmen lassen.

Und wir sollten nicht vergessen, auf welch tiefen Wurzeln die humanistische Tradition beruht: Der höchste Wert der Freiheit rührt daher, dass sie nach biblischem Verständnis zu Gott selber gehört. So heißt es im zweiten Korintherbrief (3.17): „Der Herr aber ist der Geist; wo aber der Geist des Herrn ist, ist Freiheit." Die Verankerung in Gott also macht uns frei. Sie schenkt uns unseren Eigenwert und unsere Würde – unabhängig davon, welchen Stellenwert wir in dieser Gesellschaft haben. Das gibt uns die Freiheit einzutreten für das, was wir als wahr und recht erkannt haben.

Dass mein Verständnis von Freiheit zudem inspiriert ist vom heiligen Benedikt, das wird man in diesem Buch leicht merken. Die Tradition des Mönchtums ist für mich eine hohe Schule der Freiheit. Das klingt möglicherweise für manche überraschend, die das Gelübde des Gehorsams als etwas ansehen, was der Freiheit entgegensteht. Das Gegenteil ist der Fall. Wenn man mich fragt, ob ich es je bereut habe, Mönch geworden zu sein, treffe ich oft auf überraschte Gesichter, wenn ich antworte: „Nein, denn ich liebe die Freiheit, und die ist in den Klostermauern eingesperrt. Dieses Privileg endet, sobald ich das Kloster verlasse."

Freiheit und Gehorsam sind in dieser Tradition keine Gegensätze. Das gilt für den einfachen Mönch, und das gilt auch für den Abtprimas der Benediktiner. Als Abtprimas unterstehe ich jetzt nicht mehr direkt einem Abt, aber ich muss vielen Äbten und Mönchen gehorchen. Denn ein Abt, der Vater seiner Gemeinschaft sein will, kann nicht einfach dekretieren. Er muss „horchen", er muss auf die ganze Gemeinschaft hören: denn Gehorsam kommt von horchen.

Als ich zu einem General des Jesuitenordens einmal sagte: „Die Macht des Abtprimas ist die Machtlosigkeit", war seine schmunzelnde Antwort: „Ihre Macht hätte ich gerne." Ich musste grinsen. Scherzhaft sage ich manchmal: „We are not an order but a disorder – Wir sind kein Orden im eigentlichen Sinn, eher eine Unordnung." Es gibt keine hierarchische Struktur. Jedes Kloster muss mit sich selbst fertig werden. Ein Abtprimas kann von Rechts wegen selbst bei Konflikten oder in problematischen

Situationen nicht eingreifen, es sei denn er würde gerufen. Er kann in kein Kloster hineinregieren, soll aber die Einheit und Zusammenarbeit unter den Benediktinerklöstern bewirken. Schon der Abt soll nach den Worten Benedikts mehr vorsehen als vorstehen, umso mehr gilt das für den Abtprimas. Autorität wächst im Laufe der Jahre. Ich habe die Erfahrung gemacht, dass ich viel erreichen kann, wenn ich auf Menschen eingehe und ihnen die Freiheit lasse. Sie fühlen sich geachtet, ihr Ehrgeiz fordert sie dann heraus, das Beste zu geben.

Auf diesem Wert der Freiheit bestehe allerdings auch ich, wenn ich selber immer wieder meine Meinung äußere, in der Kirche, in der Gesellschaft und in der Wirtschaft. Ich nehme da meist kein Blatt vor den Mund. Wenn ich Betonköpfe in der Kirche vorfinde, sage ich das. Und wenn sie bei den Gewerkschaften noch betonhärter sind, halte ich mich auch da nicht mit der Wahrheit zurück. Bei Wirtschaftsbossen nicht anders. Manche werfen mir deswegen vor, ich sei ein Revoluzzer. Ich scheue Konflikte nicht und lasse mir auch den Mund nicht verbieten. Ich habe diesbezüglich nie Probleme gehabt und habe immer gesagt, was ich dachte. Bin ich deswegen aber schon ein Revoluzzer? Revoluzzer wollen die Verhältnisse mit Gewalt ändern. Das möchte ich aber nicht. Ich bin nur ein freiheitlich denkender Mensch. Ich werde jedenfalls auch in Zukunft sagen, was ich denke. Auch wenn es nicht allen immer genehm ist. „Tritt auf, sei es gelegen oder ungelegen", hat Paulus seinen Schüler Timotheus ermahnt. Ich muss natürlich auch gegenteilige Meinungen und Kritik gelten lassen, die genauso unbequem sein kann.

Die Frage nach der eigenen Freiheit hat natürlich auch noch eine andere Seite. Wenn ich selber gefragt werde: Wann fühlen Sie sich selber wirklich frei? Wann erleben Sie es? Dann ist meine Antwort immer ganz einfach: Im Gebet, in der Erfahrung, bei Gott zu verweilen und in ihm geborgen zu sein. Das ist für mich, ganz persönlich, Glück.

1. Zur Freiheit geboren

Tun, was ich will

Was ist Freiheit? Ich kann sie zunächst einmal als Freiheit von Zwang verstehen. Das bedeutet, dass der Mensch nicht tun muss, was er nicht will, wozu ihn aber der Wille eines anderen mit Macht zwingen will. Solche Situationen gibt es immer wieder, in politischen Zusammenhängen, in der Wirtschaft, überall da, wo Machtverhältnisse das Zusammenleben bestimmen. Zwang ist hier verstanden als die totale Beschneidung der Freiheit, als Beschreibung einer Situation, in der jemand sein eigenes Leben nicht mehr nach eigener Vorstellung, nach eigenen Wertvorstellungen, nach eigenem Gutdünken gestalten darf.

Ich kann Freiheit aber auch von der anderen Seite her verstehen: Die Freiheit des Menschen liegt ja nicht einfach schon darin, dass er das tut, was er will. Natürlich sollte er aktiv sein und das auch realisieren, was er will. Aber unter dem Vorbehalt: Er sollte natürlich das Gute wollen. Nicht das, wonach ihm gelüstet. Der momentane Impuls, der in mir hochkommt und den ich nicht unter Kontrolle habe, ist kein Zeichen von Freiheit, sondern Unterwerfung unter einen Trieb. Also das Gegenteil von Freiheit.

Freiheit besteht in der Praxis positiv darin, sich für das Gute entscheiden zu können und ungehindert das Gute tun zu können. So hat es schon Benedikt in seiner Regel verstanden. Er hat diese Regel auch so ausgerichtet: die Mönche darin zu üben, dass sie den Verlockungen des Zeitgeists widerstehen und sich durch tägliche Praxis darin stärken. So sollten sie sich aus Abhängigkeiten befreien können und sich nach den Geboten des Schöpfers ausrichten. Die Gelübde von Beständigkeit, klösterlichem Lebenswandel und Gehorsam haben diese Grundausrichtung. Die Einbindung in eine Gemeinschaft bildet dabei eine große Stütze. Wer sich darauf einlässt, lässt sich aus freiem Willen auch darauf ein, mit jenen Antriebskräften der Zivilisation zu brechen, die zumindest ein Doppelgesicht haben können. Der Drang nach Besitz, Sexualität und Macht – das sind Antriebe, die Menschen auch leicht in Abhängigkeiten und damit in den Zustand innerer Unfreiheit bringen. Benedikt will die Mönche davor bewahren, einen falschen Weg zur Selbstverwirklichung einzuschlagen. Unserer Neigung zur Absolutsetzung des Besitzes, der Gier oder der Habsucht setzt er etwas anderes entgegen: der Arbeit den Gottesdienst, der Habsucht die Armut, der Gier die Enthaltsamkeit und der Herrschsucht die Grundregel des gegenseitigen Dienens. Und in einer von Workaholikern bevölkerten Welt kann man noch hinzufügen: der Absolutsetzung der Arbeit setzt er den Gottesdienst entgegen und den ausgewogenen Tageslauf.

Auch jenseits des Klosters ist das ein Zeichen, gerade heute: Zur wahren Freiheit und zur wahren Selbstverwirklichung kommen wir, wenn wir uns nicht auf die eigene Person konzentrieren, sondern bereit sind, Gott als den Mittelpunkt unseres Lebens anzuerkennen.

Eine Fähigkeit,
die Ihr Leben verändert

In einer süddeutschen Großstadt war kürzlich ein Plakat zu lesen, das für den Vortrag eines berühmten Neurowissenschaftlers warb. Der Mann hatte sich auch als Lebenshilfeguru einen Namen gemacht. Der paradox formulierte Titel war: „Warum tun wir oft nicht, was wir wollen?" Das interessierte mich, und ich las weiter, was auf diesem auf einer öffentlichen Litfass-Säule plakatierten Text – mit Verweisen auf den allerneuesten Stand der modernen Hirnforschung und auf aktuelle Publikationen in weltberühmten Zeitschriften wie „Science" zu lesen war: „Stellen Sie sich vor, es gäbe eine Fähigkeit, die jeder Mensch mehr oder weniger hat und von der Ihr gesamtes Leben ganz entscheidend abhängt und die dennoch kaum jemand kennt. Langfristig beschert sie uns Glück und Erfolg, ja sogar ein langes Leben. Die Fähigkeit lässt sich trainieren wie ein Muskel, am besten schon in der Kindheit und wer sie besitzt, hat in der Schule bessere Noten und im Alter bessere Zähne, verdient mehr und behält darum auch mehr Geld auf dem Konto, wird nicht kriminell und ist selten alleinerziehend, raucht eher nicht und fliegt auch eher nicht von der Schule. Diese Eigenschaft gibt es, sie heißt Selbstkontrolle und wirkt sich auf unsere Lebensqualität und sogar auf unser Leben aus. Eintritt 10 Euro. Ermäßigt 8 Euro. 10 Gratisplätze für Alleinerziehende." Abgesehen davon, dass ich die Freiplätze für die vorher mit Rauchern, Kriminellen und Schulabbrechern in einen

Topf geworfenen Alleinerziehenden als einen eher zynischen Werbegag empfinde: Der Mann hat recht. Auch wenn das, was er sagt, in die Kiste der banalen Einsichten nach dem Muster „Die Wissenschaft hat festgestellt …" gehört und eine uralte Lebensweisheit ist.

Die frühen Mönche haben es so gesagt: „Alles Übermaß ist von den Dämonen."
Und bei Matthias Claudius heißt es: „Niemand ist frei, der über sich selbst nicht Herr ist."

Einsichten werden nicht schlechter, wenn sie alt sind.

Leitplanken, nicht Fesseln

Es gab vor vielen Jahren einmal einen populären Bestseller von Werner Keller: „Und die Bibel hat doch recht." Vergleicht man manche Einsicht der Hirnforschung mit der Weisheit der Bibel, kommt man nicht umhin, zu sagen, dass Werner Keller immer noch recht hat. Denn in der Bibel findet man die Einsicht vom Wert der Selbstbeherrschung ganz lapidar formuliert. Etwa in Sprüche wie 16,32: „Ein Geduldiger ist besser als ein Starker und wer sich selbst beherrscht, besser als einer, der Städte gewinnt."

Es ist also nicht einfach, und doch eine ganz alte Weisheit: Die Kultur der Freiheit muss eingeübt und ausgeübt werden. Ich muss mir immer wieder Selbstbeschränkung auferlegen, um frei zu bleiben und nicht irgendeinem Trieb zu unterliegen. Den Trieben nicht unbeschränkt freien Lauf zu lassen, ist keine Freiheitsbeschränkung. Im Gegenteil: Es ist die Ermöglichung der Freiheit.

Das ist alles andere als leicht. Keiner ist ganz frei. Wir alle sind immer irgendwo von bestimmten Dingen abhängig. Wir alle fallen immer wieder zurück in alte Abhängigkeiten, in gewohnte Emotionen und eingeschliffene Instinkte. (Ein Begriff, der etwas neutraler klingt als Trieb, wo jeder gleich die sexualisierte Assoziation von Triebtäter hat. Dabei hat „Trieb" ja etwas Positives, er treibt ja auch an.)

Um solche Rückfälle zu vermeiden, brauchen wir Leitplanken. Jeder muss sich selber an solchen Planken orientieren, die ihm Halt geben. Das sind Voraussetzungen unserer Freiheit, keine Behinderung. Sie sollten nicht mit

Fesseln verwechselt werden, die Freiheit einschränken. Sie sind ein Halt, der Freiheit erst ermöglicht. Gemeint sind damit keineswegs nur von außen vorgegebene Bestimmungen und Regelungen. Man errichtet solche Leitplanken auch selber – durch eigene Übung, die zur festen Gewohnheit wird.

Oft geht es dabei um das rechte Maß. Maß – das Wort hat für moderne Ohren einen etwas strengen Beigeschmack, es riecht nach Einschränkung, Zurückdämmung, nach Kandarre und Zügelung. Auch Mittelmaß schwingt mit. Lauter Begriffe, so scheint es, die nicht sehr nach Freiheit duften. Aber es ist nichts anderes als gezügelte Gier.

Platon gebraucht ein schönes Bild: Er vergleicht die Triebe mit Rössern, die einen Wagen ziehen und die in ihrer Kraft gefährlich werden, wenn sie anfangen zu scheuen. Da braucht es den Wagenlenker, der mit seinen Zügeln die Pferde bändigt und den Wagen in der richtigen Bahn hält. Alles andere wäre gefährlich. Die Zügel der Vernunft, das Instrument des Maßhaltens, geben die Möglichkeit, wachsam mit Gefährdungen umzugehen.

Wenn wir in die negative Richtung geraten, ist es sehr schwer, wieder zurückzufinden. Wir müssen uns dann entwöhnen. Auch das geht nur durch Selbstbeherrschung, Kontrolle und Übung. Bei Alkoholabhängigkeit wird das besonders deutlich. Da hilft nur radikale und konsequente Abstinenz, es sei denn, es gelingt wieder die Selbstkontrolle zu erwerben. Die Meinungen gehen da auseinander. Wir sollten uns jedenfalls in die Freiheit einüben, bevor wir abhängig werden.

Wirkliche Fülle

Wir leben immer länger. Und wir haben immer weniger Zeit. Warum sind die meisten Menschen so ruhelos? Und so maßlos? Was erwarten sie von ihrem Leben? Sie wollen frei sein und das Leben in Fülle haben. Aber im Grunde denken sich viele nichts dabei, sondern lassen sich einfach treiben. Leben in Fülle – das ist es ja, was wir alle wollen. Für viele bedeutet „Fülle" freilich in erster Linie, alle Genussmöglichkeiten auszuschöpfen, jede Nacht eine andere Party, Urlaubszeiten voller Animation und Entertainment. Auch die Übersteigerung des Genusses in Drogen hat ja Konjunktur. Wirkliche Freiheit und damit auch Fülle aber findet der Mensch, der sich selbst kennt, seine Möglichkeiten und seine Grenzen. Er kennt sein Maß und weiß, dass die absolute Fülle erst in Gott erreicht werden kann. Jesus hat gesagt: „Ich bin gekommen, damit sie das Leben haben und es in Fülle haben." (Joh 10,10)

Glückliche Sklaven

Es gibt die Situation, dass Menschen sich in ihren Zwangssituationen einrichten und ihre Unfreiheit gar nicht mehr spüren. Sie haben ihre Lage völlig verinnerlicht und umgedeutet. Manche subalterne Hofschranzen an den modernen Höfen der Macht – in den wirtschaftlichen Machtzentren, den Zentralen der Politik, der kirchlichen Hierarchie: „Wie der Herr es wünscht!" „Wie der Herr Minister meint." „Wie Eminenz befehlen!" Sie fühlen sich wohl und frei bei dieser Unterwerfung.

In den 50er Jahren erschien im Westen, geschrieben von dem Holländer Dries van Coillie, das Buch „Der begeisterte Selbstmord". Es ist der erschütternde Bericht eines christlichen Missionars über die Gehirnwäsche im maoistischen China. Ständiger Schlafentzug als Foltermethode brach den Willen der Gefangenen. Die Opfer, denen alles weggenommen wurde, sind dem Staat dankbar, wenn sie nicht geprügelt werden und etwas zu essen bekommen. Es ist ein Schutzmechanismus, sich dem Unterdrücker freiwillig zu unterwerfen und ihn sogar zu verteidigen und zu stützen. „Umerziehung" nannte man diese brutale Methode.

Man muss nicht nach China oder in kommunistische Diktaturen gehen, um die Wahrheit eines Satzes zu akzeptieren, der formuliert wurde, als diese Schreckensregime der Moderne überhaupt noch nicht zu ahnen waren: „Die glücklichen Sklaven sind die größten Feinde der Freiheit", hat Marie von Ebner-Eschenbach gesagt. Sie sind es, weil sie nicht mehr aufstehen, sich in ihrer Unfreiheit eingerichtet haben und sich den Käfig als sicheren Raum der äußeren Stabilität innerlich angeeignet haben.

Das kann eine gedämpfte Art von Wohlfühlen sein. Man kann, sagt man in Tirol, seinem Hund eine Freude machen, indem man ihn prügelt – und dann aufhört, ihn zu schlagen.

Tierliebe ist das nicht. Und auch wirkliches Glück ist es nicht, was der Geprügelte empfindet, wenn der Schmerz nachlässt.

Freiheit ist ein Kampf

Freiheit bedeutet nicht auch die Freiheit, das Böse zu tun. Wer das tut, ist nicht frei, sondern folgt einem Instinkt oder Trieb. Augustinus sagt: Der Gute ist frei, auch wenn er ein Sklave ist und der Böse ist ein Sklave, auch wenn er ein König ist. Auch wenn das keine Begründung der Sklaverei sein darf in dem Sinn, dass Freiheit etwas Sekundäres oder Unwesentliches sei. Es hat immer wieder großartige Menschen gegeben, die unter schwierigsten Umständen und unter äußerer Bedrohung sich die innere Souveränität nicht haben nehmen lassen. Die Märtyrer der frühen Christenheit waren darunter wie auch die des Dritten Reichs – ich denke an die „Weiße Rose" -, oder auch die Erzbischöfe Hélder Câmara in Brasilien und Óscar Romero in El Salvador.

Die wahre Freiheit ist sicherlich eine innere Haltung. Sie bedeutet Freiheit von einer psychischen Abhängigkeit. Man gewinnt sie durch innere Distanz und Gelassenheit. Ein gutes Beispiel ist Cäsar, der bekanntlich erst auf 20 gezählt hat, bevor er reagierte – um nicht von inneren Impulsen überrumpelt zu werden. Wer im Affekt handelt, ist nicht bei sich. Er hat nicht alle Vernunft bei sich. Freiheit und Klugheit schließen sich nicht aus. Wenn die Vernunft herrscht, werden Optionen sichtbar, die ein blinder Affekt gar nicht wahrnimmt. Das ist ein Zuwachs an Freiheit. Das bedeutet natürlich nicht, dass Freiheit ein rationales Konstrukt wäre. Freiheit kostet manchen Verzicht, auch in individueller Hinsicht. „Den inneren Schweinehund überwinden", sagt man, um diese kämpferische Seite zu beschreiben, die auch zu einer inneren Souveränität gehört.

Das andere ist, politisch für die Freiheit zu kämpfen. Mir liegt sehr daran, zu betonen, dass es nicht auf bloße Innerlichkeit ankommt. Wichtig ist, dass auch die äußere Freiheit gegeben ist. Und für die muss man auch etwas tun. Denn diese äußere Freiheit ist immer auch bedroht von Machtansprüchen. Und man muss sich mit anderen verbünden, um sie zu erlangen und zu bewahren.

Stabile Verankerung

Innere Festigkeit und Sicherheit ist die Basis der Freiheit. Wir alle brauchen diese Festigkeit und stabile Verankerung, aus der heraus innere Sicherheit wächst – und die auch wieder Flexibilität möglich macht. Es gibt keine Flexibilität ohne feste Verwurzelung.

Die Stabilität muss in der Kindheit ansetzen: in der Familie, in der Schule, in einem festen Freundeskreis. Ich kenne Lehrer, Beamte, Soldaten, die auf ihre Beförderung – die mit einem Ortswechsel verbunden gewesen wäre – verzichtet haben, damit die Kinder nicht ständig aus ihrer festen Umgebung herausgerissen werden. Sie haben verstanden, wie wichtig eine solche Stabilität ist – und dass sie auch äußere Bedingungen braucht, um wachsen zu können. In der Schule und bei den Hausaufgaben müssen die Kinder zur Konzentration angehalten werden. Sie müssen lernen, bei einer Sache zu verharren. Sie brauchen nicht nur Flügel, sondern auch Wurzeln.

Menschen brauchen Bindung

Gefragt ist heute – man muss nur Stellenanzeigen lesen – der flexible Mensch. Dabei kann kein Mensch ohne Bindung leben. Zwar: Flexibilität ist ja zunächst einmal nichts Negatives. Flexibel kann ich aber nur von einer festen Warte aus sein. Sonst verliere ich mich. Auch ein flexibler Arbeitnehmer braucht Zeiten und Orte des Rückzugs in eine feste Umgebung. Die Gebundenheit an eine feste Gemeinschaft und einen bestimmten Rhythmus gibt mir Halt in all meiner berufsbedingten Unruhe. Der Körper braucht seine Relaxationsphasen, sagt die Biologie zu Recht. Es braucht meistens eine gewisse Zeit, bis der Körper und auch der Geist nach einer sehr anstrengenden Phase wieder zur Ruhe kommen.

Zeichen von Reife

Herzensruhe – das Ideal eines erfüllten Lebens, einer erfüllten Zeit – ist inmitten der Beanspruchungen unseres
Lebens möglich: und zwar durch inneren Abstand zu den
Dingen. Dieser Abstand ist es, der uns Freiheit schenkt,
weil er die wirklichen Werte erkennen lässt. Was solche
wirklichen Werte sind, das hat mir einmal eine ältere Frau
gezeigt, die zu mir am Grab ihres Mannes gesagt hat:
„Weißt du, im Grunde ist alles nur geliehen, all die mate-
riellen Güter, ja unser Leben selbst." Eine solche Haltung
ist ein Zeichen von Reife. Es gibt keine Methode, das ein-
zuüben, es sei denn, jemand hält immer wieder inne und
überlegt, was die Dinge eigentlich wert sind, unser Besitz,
unsere Titel, was ich selbst wert bin, mir und andern. Reife ist nicht machbar, sondern das Ergebnis eines Lebens-
prozesses.

Die eigentliche Dimension, die mein oder unser ganzes
Leben bestimmt, ergibt sich daraus: zu wissen, dass all
dies, was auf der Erde geschieht, keinen absoluten Wert
hat. Das relativiert alles. Und schenkt doch die größte
Freiheit. Denn ich weiß: Wenn ich einmal vor Gott hin-
treten werde, werde ich gar nichts haben. Und da wird er
wahrscheinlich zu mir sagen: „Weil du gar nichts hast,
kann ich dir jetzt alles geben."

Leben ist jetzt

Wir alle wissen: Leben ist jetzt. Und das gibt es tatsächlich: verlorene Zeit, vertrödelte Zeit, sich Tagträumen hingeben. Sich wegflüchten aus dem, was ist und was ansteht. Tagträumer sind Menschen, die mit der Gegenwart nicht zufrieden sind, aber nichts wirklich dagegen unternehmen. Es gibt andererseits Menschen, die meinen, etwas zu verlieren, wenn sie nicht von einem Gag zum andern springen oder immer den neuesten Modewellen nachrennen – und die gerade so ihre Lebenszeit vergeuden. Auch wer sich nur ans Morgen klammert, gewinnt deswegen nicht mehr Freiheit. Er wird das Heute verlieren.

Was Geduld bedeutet

Manche verstehen unter Freiheit: Ich will alles. Jetzt. Und zwar sofort. Dem steht schon die Lebenserfahrung entgegen. „Wer ein Ei ausbrütet, bekommt ein Huhn; wer es in die Pfanne schlägt, nur ein Omelett", hat jemand gesagt. Oder, wie ein afrikanisches Sprichwort sagt: „Gras wächst auch nicht schneller, wenn man mit den Zähnen daran zieht." Geduld ist also auch eine Tugend. Sie schafft Möglichkeiten, die der Ungeduldige gar nicht in den Blick bekommt.

Geduld haben, sich Zeit lassen bedeutet auch nicht: warten, bis andere statt meiner handeln. Sich Zeit lassen heißt: warten können, um eine Entwicklung möglich zu machen. Aber es heißt nicht: die Hände in den Schoß legen. Geduld bedeutet: wachsen lassen können. Anderen die Freiheit lassen, sich zu entwickeln. Und es meint gerade nicht Untätigkeit. Aufmerksamkeit, Wachsamkeit, Fördern, – all das ist mit Geduld verbunden.

Wer treibt mich denn?

Das Tempo der Welt und unseres Lebens wird immer schneller. Viele fragen: Kann man dem überhaupt entgehen? Wann ist es gut, langsam, wann ist es gut, schnell zu sein? Das Allerwichtigste: Ich muss wissen, wer ich bin und was ich will. Es geht nicht um langsam oder schnell. Ein Läufer muss rennen, will er den Preis gewinnen. Aber natürlich kann man nicht immerzu rennen. Wer über das Tempo der Welt immer nur klagt, der sollte sich auch einmal fragen: Wer treibt mich denn, wenn nicht im Grunde ich mich selbst? Oder könnte es sein, dass ich anderen gestatte, dass sie mich treiben?

Suchbewegung

Es gibt den Archetypus des Pilgers. Er steht für den suchenden Menschen, der, von seiner Freiheit, auch von seiner Unruhe umgetrieben, vielleicht nicht einmal weiß, wo genau er hin will. Aber unterwegs ist er zu einem großen Ziel, weil er ein Unbehagen in sich erfährt und die Freiheit sucht und sie erfahren will, indem er sich auf den Weg macht. Diese Suchbewegung der Freiheit ist freilich nichts Zielloses: Da ist das Gehen an sich schon Teil des Ziels. Der Weg eröffnet mir auch Freiheit: Ich bin frei, weil ich offen bin – offen auch für Menschen, die mir begegnen. Ich bin auf andere angewiesen und erfahre ihre Solidarität. Ich setze mich dem Fremden und den Unbilden aus und bin überzeugt, dass es trotz aller Schwierigkeiten und Dunkelheiten auf dem Weg letztlich doch einen Sinn gibt im Weitergehen. Jeder Mensch findet sich dadurch erst, dass er mit anderen unterwegs ist und nicht meint, er könne etwa durch Meditation allein selig werden. Dieses gegenseitige Miteinander ist ja auch eine Art des gegenseitigen Beschenkens, und das ist so etwas Schönes!

Nicht umsonst ist die Pilgerbewegung heute eine der wichtigsten spirituellen Bewegungen unserer Zeit.

Zeit ist kostbar

Zeit ist Geld – so das Motto unserer Kultur. Zeit muss natürlich genutzt, gebraucht werden. Aber die Frage ist: Wozu ist unsere Zeit wirklich nutze? Meine Antwort: Um etwas für unser Leben zu gestalten. „Zeit ist Geld" meint nicht nur die finanzielle Seite, sondern die Tatsache, dass die Zeit ein kostbares Gut ist, das uns zur Verfügung steht. Wir dürfen weder Zeit verplempern noch sie dem anderen stehlen – wenn wir ihn durch unnützes Geschwätz beim Arbeiten aufhalten. Meine Zeit ist kostbar, wenn ich die Möglichkeit nutze, etwas Kreatives zu unternehmen oder für andere Gutes zu schaffen. Sie ist in sich kostbar, nicht nur wegen der Begrenztheit des Lebens. Sie ist der Raum unserer Freiheit.

Konfrontation

Frei ist nicht automatisch, wer Macht über andere ausüben kann. Übertriebene Machtgelüste sind Zeichen von
innerer Unfreiheit. Diese Unfreiheit hat mit Angst zu tun.
Mit ihrem Pseudoselbstbewusstsein will eine solche Haltung alle und alles überspielen.

Wie kann man sich davor schützen? Am besten mit der
Methode der Abschottung: „Der kann mich gar nicht meinen", wie man in Bayern sagt – diese Methode geht immer
noch.

Vorgesetzten kann man Widerstand leisten, auch als Un-
tergebener. Konfrontation ist Ausdruck von Mut – und
auch ein Dienst am anderen. Denn Leute, die keinen
Widerstand erfahren, erfahren etwas Wesentliches nicht:
Ihnen wird vorenthalten, was Freiheit heißt. Mut ist eine
Grundhaltung, die Angst überwindet und trotz aller
Widerstände zur Wahrheit und zur eigenen Überzeugung
steht. Und auch hier gilt: Die Wahrheit wird euch frei machen.

Unbedingt

Beziehungen sind nicht an Bedingungen knüpfbar, die im Kern besagen: „Ihr müsst tun, was ich für richtig halte. Und so lange stehe ich hinter euch." Das Motto bei einer solchen Haltung: Wer nicht für mich ist, ist gegen mich. Der unbedingte Machtanspruch lässt den anderen nicht frei. Er sagt: „Ich stehe hinter euch. Wenn ihr hinter mir steht." Die eigentliche Aussage der Freiheit wäre: „Ich stehe hinter euch, auch wenn ihr nicht hinter mir steht."

Der Angst begegnen

Jeder leidet unter Angst, der eine mehr, der andere weniger. Wie kann man mit Angst umgehen, damit sie nicht unfrei macht? Das kann nur gehen, indem man sich mit der eigenen Angst konfrontiert. Indem man sich fragt: Wovor habe ich Angst? Nur wenn man der eigenen Angst realistisch begegnet – das heißt: sie wahrnimmt und benennt – kann man sie verwandeln. Wenn man sie identifiziert, kann man ihr auch vernünftig begegnen. Dann erkennt man entweder, dass es keinen Grund gibt, Angst zu haben oder man sieht sich entsprechend vor. Wenn ich etwa über einen schmalen Steg, der über einen tiefen Abgrund führt, gehen müsste, hätte ich einfach Angst. Ich bin aufgrund meines Alters nicht mehr schwindelfrei. Es wäre also nur vernünftig, diesen Weg zu meiden. Angst hat den biologischen Sinn, vor realen Gefahren zu warnen und einen vor Gefahren zu bewahren.

Ein Mitarbeiter, der von Rom nach Spanien zu einer Weiterbildung geschickt werden sollte, gestand mir, dass er Flugangst hat. Er war einmal, unter Zuhilfenahme von Medikamenten, geflogen – und dann nach Verlassen des Fliegers zusammengebrochen. Wenn man das weiß, kann man es umgehen. Er flog also nicht. Wir schickten ihn mit dem Schiff nach Spanien.

Nur durch Konfrontation und genaues Hinsehen erkenne ich, wie realistisch eine Gefahr ist. Und nur so kann ich mir meine Freiheit bewahren.

Angst und Hysterien

Es ist ein Existential des Menschen, dass wir sterben. Gefährdung gehört zum Leben dazu. Auch Angst gehört zum Leben. Angst macht den Menschen vorsichtiger und bewahrt ihn vor manchen Fehlern, sie kann sein Leben retten. Aber Angst kann auch unfrei machen. Sie ist zwar gut, wenn sie uns auf Risiken hinweist, vor Gefahren schützt und vor lebensbedrohlichen Situationen warnt. Aber manche fühlen sich schon gar nicht mehr wohl, wenn sie keine Angst mehr haben. Sie flüchten sich geradezu unter diesen warmen Mantel der Unfreiheit und schotten sich unter ihm vor der Wirklichkeit ab. Hysterie ist eine Grundgefährdung unserer leicht erregbaren Zeit. Sie erzeugt immer neue Ängste und ist gleichzeitig eine falsche Kur. Unsere kollektiven Hysterien sind ja nichts anderes als globale Angstkuren. Die Menschen sind ja nicht wirklich glücklich in dieser Angst. Es gibt auch die Lust an der Angst. Das ist eine pervertierte Form unserer Glückssuche. Aber entscheidend und Kern der Sache ist doch: Glück ist ohne Freiheit nicht zu haben.

Gegen Hysterien hilft nur eines: Die Tugend der Klugheit und des Nachdenkens dagegen setzen. Oder die Haltung der Gelassenheit, die einfach nichts über Gebühr wichtig nimmt auf dieser Erde. Gelassenheit, mit Klugheit gepaart: Das heißt zu wissen, dass wir keine Ewigkeitswerte auf dieser Welt haben. Und erst diese Wahrheit macht wirklich frei.

Mit der Freiheit ist es wie mit der Liebe

Lieben heißt: seinen Willen zurücknehmen. Wer das aus Liebe tut, wird nicht unfrei. Im Gegenteil, wer in der Liebe ist, wer liebt, erfährt Freiheit gerade in der Bindung an den Geliebten. Mit der Freiheit ist es wie mit der Liebe: Wenn man sie aktiviert, wird sie größer. Und sie bleibt lebendig, wenn sie lebt. Auch Freiheit wächst, wenn man sie lebt. Aber auch nur dann. Und sie verschwindet, wenn sie nicht wahrgenommen wird.

Den Tod vor Augen

Das Leben ist so kurz. Wir müssen daher möglichst viel hineinpacken, das scheint das Motto der meisten. Das Leben ist so kurz. Wir sollten allesamt langsamer machen. Das ist die andere Haltung. Wer hat recht? Ich sage: Weder die einen noch die anderen. „Den Tod täglich vor Augen haben", rät Benedikt von Nursia. Der Gedanke an den Tod muss nicht unfrei machen. Man muss nicht auf das Ende starren wie das Kaninchen auf die Schlange. Benedikt ermahnt, an den Tod zu denken – nicht aus Angst, sondern um die Werte dieser Welt richtig einschätzen zu können. Erst das schafft wirkliche Freiheit. Der zitierte Satz findet sich in der Regel des Benedikt übrigens in dem Kapitel über die geistlichen Instrumente, also die geistlichen Übungen. Damit ist schon gesagt, dass man diese innere Haltung gewinnen kann, die vor falschen Alternativen schützt, indem man sie trainiert: Es ist ein Training für die Freiheit.

2. Eine Schule
der Freiheit

Ein Glücksversprechen

Innere Freiheit und Freude sind für Benedikt die Ziele, die im klösterlichen Leben erreicht werden sollen. Klösterliches Leben ist nichts für jemand, der in radikaler Abtötung Sinn sucht. Es ist ausdrücklich für einen Menschen gedacht, „der das Leben liebt und gute Tage zu sehen wünscht" – eine sehr menschenfreundliche Spiritualität. Damit ist eigentlich ein Glücksversprechen gegeben. Klöster sind für mich von ihrem ursprünglichen Ansatz her eine Schule des Glücks und der Freiheit. Allerdings geben sie nicht das Versprechen eines oberflächlichen, seichten und vordergründigen Glücks. Sie bieten auch kein frommes Wellnessprogramm für den schnellen Seelenkick. Die entscheidenden Sätze dafür stehen im Prolog der Regel des heiligen Benedikt: „Wir wollen also eine Schule für den Dienst des Herrn einrichten. Bei dieser Gründung hoffen wir, nichts Hartes und nichts Schweres festzulegen. Sollte es jedoch aus wohlüberlegtem Grund etwas strenger zugehen, um Fehler zu bessern und die Liebe zu bewahren, dann lass dich nicht sofort von Angst verwirren und fliehe nicht vom Weg des Heils; er kann am Anfang nicht anders sein als eng. Wer aber im klösterlichen Leben und im Glauben fortschreitet, dem wird das Herz weit, und er läuft in unsagbarem Glück der Liebe den Weg der Gebote." (RB, Prol 45-49) Am Ende steht die Erfahrung einer Liebe, die jede Furcht vertreibt. „Frei geworden von Fehlern und Sünden" wird er alles „wie von selbst erfüllen, aus Liebe zu Christus, und weil ihm das Gute zur Gewohnheit, die Tugend zur Freude geworden ist." (RB 7,69)

Nichts für große Asketen

Klöster sind Schulen einer Freiheit, die in der Ausrichtung auf Gott ein großes und positives Ziel hat. Benedikts Regel ist keineswegs für große Asketen geschrieben. Das gilt sogar für die Fastenübungen. Alle Fastenübungen sollen dem Abt unterbreitet werden, damit sich kein Leistungsgedanke oder kein Stolz einschleicht. Benedikt ist weder Vegetarier noch Antialkoholiker. Den Kranken wird zur Stärkung der Genuss des Fleisches erlaubt. Und was den Wein angeht, so sei es zwar besser, wenn sich die Mönche des Alkohols enthalten, „weil aber die Mönche heutzutage (sechstes Jahrhundert!) sich davon nicht überzeugen lassen, sollten wir uns wenigstens darauf einigen, nicht bis zum Übermaß zu trinken, sondern weniger" (RB 40,6). An besonders heißen Tagen oder in der Zeit der Ernte kann der Abt sogar mehr gestatten (RB 40,5). Die Gemeinschaft hält an bestimmten Tagen zwar ihr Fasten, aber wenn Gäste kommen, soll der Abt „dem Gast zuliebe" auf das Fasten verzichten, „nur nicht an einem allgemein vorgeschriebenen Fasttag" (RB 53,10). Das Kloster ist daher auch nicht ein Ort totaler Armut, schon gar nicht der Armseligkeit – die Kulturgeschichte der Klöster beweist das Gegenteil –, sondern jeder soll das bekommen, was er braucht. Gleichwohl ist Bescheidenheit eine Tugend. Wenn der Cellerar, also der für die Verwaltung der Klostergüter verantwortliche Mönch, einem Mitbruder etwas nicht geben kann, dann gebe er ihm wenigstens ein gutes Wort. „Es steht ja geschrieben: ‚Ein gutes Wort geht über die beste Gabe.'" (RB 31,14)

Gehorsam relativiert

Widerspricht der Gehorsam – wie er zum Leben eines Mönchs gehört – nicht der menschlichen Freiheit? Mancher, der die Regel des Benedikt liest, mag denken: Das läuft doch der Selbstentfaltung und Selbstbehauptung, also wichtigen Werten des modernen Menschen, entgegen. Macht Gehorsam nicht unfrei oder zumindest zahm?

Für Benedikt gehört der Gehorsam in der Tat zentral zum Mönchsversprechen. Dieses besteht in der „Beständigkeit, dem klösterlichen Lebenswandel und dem Gehorsam". (RB 58,17)

Die Freiheit des Menschen ist in der Tat ein hohes Gut. Aber es wäre zu überlegen, ob die Freiheit des Menschen wirklich darin besteht, über alles selbst zu verfügen. Oder ob der Mensch nicht vielmehr in der Relativierung all dieser Dinge, in einer Distanz dazu, gerade auch in der Distanz zu sich selbst, seine Freiheit erfährt: Dass er also dann frei ist, wenn er die Dinge dieser Welt zwar gebrauchen kann, aber ohne von ihnen abhängig zu sein – nicht einmal von der Durchsetzung seines eigenen Willens. Dass er frei ist, wenn er die Sorgen um die Bedeutung seiner eigenen Person aufgibt, wenn er auf Abstand geht zur Vorstellung von der eigenen Bedeutsamkeit. Dass der Weg, weg von der Egozentriertheit und hin zu Gott, ein Weg in die größere Weite ist.

Freiheit ist für Benedikt Befreiung von der Sünde. Sünde ist für ihn die Abwendung von Gott, sie führt in die Irre.

Dem Menschen, der ohne Gott sich selbst verwirklichen möchte, fehlt die Orientierung. Er verliert sein Ziel. Werte werden relativ, die Willkür nimmt überhand, der Mensch droht, sich gegen sich selbst zu richten – ein Zustand, den Benedikt XVI. im heutigen Abendland ausmacht. Freiheit gewinnt in den Augen Benedikts von Nursia wieder durch die Hinwendung zu Gott, im Sinne Jesu.

Chancen

Es gibt in den römischen Katakomben ein Bild von Jesus, auf dem er einen Wagen lenkt. Das scheint zunächst unverständlich. Ambrosius hat dieses Bild aufgegriffen und es auf die Tugendlehre angewandt, die von der Zügelung der Leidenschaften durch Haltungen wie Mut und Maß, Gerechtigkeit und Klugheit sprechen. Er sagt, die Tugenden seien ein Viergespann, das von Jesus gelenkt wird, damit das Leben glückt. Wenn ich Jesus als jemanden sehe, der zeigt, was gutes und gelingendes Leben ist, der in dem, was er als Gottvertrauen und Menschenliebe gelebt hat, auch für unsere Lebensgestaltung etwas zu sagen hat, dann hat das durchaus auch mit unserem Alltag zu tun.

Vielleicht gelingt es, für Menschen von heute noch klarer zu formulieren, was Rechtfertigung aus Glauben heißt. Viele Menschen heute erreichen die theologischen Formeln nicht mehr. Trotzdem muss man versuchen, es auch Zeitgenossen klarzumachen: Sünde macht unfrei, sie macht abhängig von anderen Dingen. Menschen, die von Gefühlen abhängig sind, sind angeleint an ihren Emotionen. Rache, Neid und Eifersucht etwa oder Aggressivität und Machtstreben. Solche Emotionen, die nicht kanalisiert werden, führen nicht zur Freiheit, die Jesus gewiesen hat, indem er uns Gott als liebenden zeigte, der uns auch in unseren Schwächen annimmt. Gott selbst befähigt uns zu dieser Freiheit, er macht uns – in der Sprache der Theologie – gerecht.

Benedikt hat das Kloster und die Gemeinschaft der Mönche als einen Raum verstanden, der die Chance eröffnet im Einklang mit dem Evangelium und das heißt: nach der Botschaft Jesu zu leben. Freiheit bedeutet für ihn, sich immer wieder für das Gute zu entscheiden und es zu tun. Die Regel zielt genau darauf ab: uns nicht selbst, sondern Gott als den Mittelpunkt unseres Lebens anzuerkennen, den Schöpfer also ernster zu nehmen als die Schöpfung. Die Gemeinschaft der Brüder ist dabei nicht nur der Raum, sondern miteinander, versuchen wir diesen Weg zu gehen, uns gegenseitig zu fordern und zu fördern.

Keine Unterwürfigkeit

Kürzlich hat jemand über seine Kindheit im Innviertel erzählt und die oberösterreichische Hymne erwähnt. Es war jemand, der seine Heimat liebt, aber Wert legte auf die Feststellung, dass er dieses Land sicher nicht so liebt, wie es in dieser Hymne beschrieben ist: „wie ein Kinderl sei Muatter, a Hünderl sein Herrn". Auch in der Gesellschaft sind emotionale Unmündigkeit und hündische Unterwerfung keineswegs mehr üblich, auch wenn sie in alten Texten von Nostalgikern bier- oder weinselig noch besungen werden. Aber auch die werden immer weniger. In Oberösterreich wie anderswo. In der Kirche sollten wir sie auf keinen Fall dulden. Und auch nicht in den Orden.

Gehorsam, wie die Ordensgelübde ihn verlangen, ist etwas anderes als doktrinär verbrämte Unterwürfigkeit. Reifer Gehorsam, der auf Freiheit ausgerichtet ist, ist auch etwas anderes als funktionaler Gehorsam, der einen komplexen Betrieb und jede Organisation „am Laufen" hält.

Überall wo Menschen zusammen sind, braucht es klare Regeln. Die gibt es auch in einem Orden. Wie sieht so etwas konkret aus? Bei einer geplanten Versetzung ruft mich der Abt und sagt zum Beispiel: Ich möchte, dass du die Leitung unserer Druckerei übernimmst. Dann könnte ich sagen: Dankeschön, gerne. Oder ich könnte sagen: Danke, aber damit habe ich ein Problem, ich werde mir das aber überlegen. Dann würde ich, wie Benedikt das in seiner Regel vorschlägt, darüber schlafen. Und dann am nächsten Tag das Für und Wider mit dem Abt noch einmal diskutieren. Wenn der Abt dann bei seiner Entscheidung bleibt, dann würde ich seinem Wunsch folgen, auch wenn ich selber anderer Auffassung wäre. So etwas ist ja keine sicher überprüfbare oder widerlegbare Entscheidung, wie die Behauptung, dass zwei mal zwei fünf ist. Entscheidend ist, dass es mir und dem Abt darum gehen muss, den rechten Weg zum Wohl der Gemeinschaft zu gehen. Und auch wenn ich anderer Meinung bin – ich habe ja auch keine objektiven Maßstäbe. „Der Bruder sei überzeugt, dass es so gut für ihn ist und im Vertrauen auf Gottes Hilfe gehorche er aus Liebe." (RB 68, 4-5) Manch einer hat erst durch diese Herausforderungen in sich Fähigkeiten entdeckt, die ihm vorher verborgen waren. Ich selber wäre zum Beispiel von mir aus nie auf die Idee gekommen, in Philosophie zu promovieren und Philosophie zu dozieren. Das geht heute natürlich nur im Miteinander. Früher saß der Abt am Schreibtisch und hat seine Entscheidungen dekretiert. Das 68. Kapitel der Regel war lange vergessen, das unter der Überschrift steht: „Wenn einem Bruder von einem Oberen etwas Unmögliches aufgetragen wird." Diese Situation ist also durchaus auch vorgesehen und wird heute verstärkt bedacht. Nicht anders das dritte Kapitel der Regel „Von der Einberufung der Brüder zum Rat". In diesem Kapitel steht, dass man bei allen wichtigen Fragen sämtliche Brüder zu Rate ziehen soll.

Also: Gehorsam, ja. Aber Unterwürfigkeit, infantile Unmündigkeit und Kadavergehorsam, nein. Das sind keine benediktinischen Tugenden. Sie sind es nie gewesen.

Der Index und die Leselust

Odilo Lechner, Altabt der Benediktinerabtei St. Bonifaz in München und des Priorats Andechs, des berühmten Klosters auf dem „Heiligen Berg" Bayerns über dem Ammersee, erzählt gerne eine Geschichte aus dem Leben seiner Mutter, die lange zurückliegt und die ihn sehr geprägt hat. Seine Mutter war fromm, aber in keiner Weise ängstlich. Als junges Mädchen beichtete sie einmal, dass sie französische Romane gelesen hatte, die auf dem Index der von der Kirche verbotenen Bücher waren. Als der Beichtvater sie fragte, ob sie denn versprechen wolle, solches künftig nicht mehr zu tun, verneinte sie. Denn auf das Vergnügen, Weltliteratur zu lesen, wollte sie nicht verzichten. Die Folge: Sie erhielt keine Lossprechung.

Darauf ging sie am nächsten Samstag wieder zur Kirche, aber in einen anderen Beichtstuhl. Dort schilderte sie dem neuen Beichtvater, warum sie gekommen war und dass sie – und natürlich auch, warum sie – nicht auf interessante Literatur verzichten wolle. Der Beichtvater lobte ihre Ehrlichkeit und ihren Mut – und gab ihr die Absolution.

Abt Odilo erzählt dies mit großem Vergnügen als Zeichen der Freiheit des Christenmenschen und mit dem Hinweis, dass das für ihn gerade nach der unfreien Nazizeit, die er selber erlebt hatte, eine besonders wichtige Erfahrung war. Obwohl ich nicht weiß, ob der zweite Beichtvater Benediktiner war – es ist eine Geschichte von benediktinischer Freiheit.

Beständigkeit

Beständigkeit ist, neben dem Gehorsam, ein Charakteristikum des klösterlichen Lebenswandels. Das meint nicht nur einen bestimmten Tagesrhythmus und eine Eingebundenheit in den Zyklus des Jahres, wie er sich jeden Tag in der Liturgie zeigt. Es meint auch die Treue zu einer Lebensentscheidung: Ich habe mich gebunden an eine konkrete Gemeinschaft, an einen bestimmten Ort und natürlich auch an Gott. Es war eine Entscheidung, die mich nicht einengt, sondern befreit, wenn ich zu ihr stehe.

Ich lebe natürlich eine Ausnahmesituation, ich bin verantwortlich für die Benediktiner rund um den Globus, dabei habe ich keine Rechtsbefugnisse, in irgendwelche Klöster einzugreifen, aber ich soll die Einheit stiften und die Zusammenarbeit und da bin ich sehr präsent, etwa bei den Jahresversammlungen von Klöstern. Bei meiner Wiederwahl hat mein Stellvertreter gesagt, ich sei in der Zwischenzeit zum Vater der gesamten Konföderation geworden. Aber was uns alle verbindet, ist die Beständigkeit der Gemeinschaft: Das Leben der anderen wird zu meinem Leben, ich gehöre zur Gemeinschaft und die Gemeinschaft gehört zu mir. Mein jetziges Leben und Wirken gehört S. Anselmo, den Studenten und Professoren, und der Sanierung unseres großen Gebäudes, so wie ich früher als Erzabt für meine Abtei St. Ottilien da war.

Alles hat seine Zeit

Im gesellschaftlichen Leben muss sich heute jeder selbst Strukturen einrichten. Das ist nicht selten der Grund auch für seelische Orientierungslosigkeit. In den Klöstern gibt es einen festen Rhythmus, der die Balance garantiert.

Gebet und Arbeit, Sonntag und Werktag, Ruhe und Anstrengung gehören zusammen. „Alles hat seine Zeit", sagt die Bibel. Heute heißt es eher: „Alles hat seine Zeit, nur ich hab keine." Die Gesellschaft kannte früher und kennt zum Teil auch heute noch feste Rhythmen: Sonn- und Feiertage, die Ferien, aus denen der Urlaub geworden ist, Geburtstage, aber auch einfache Dinge wie gemeinsame Mahlzeiten, einen festen Tagesrhythmus, früher gekennzeichnet durch Gebete. Es sind immer auch feste Strukturen, die Freiheit ermöglichen.

Die Klöster wissen noch darum.
Vielleicht sind für viele die Klöster heute deswegen wieder so interessant, weil sich hier diese gesunde Balance zeigt.

Ohne Extremismus

Die Mutter aller Tugenden bei Benedikt ist das rechte Maß, die weise Mäßigung. Sie ist auch die Mutter der Freiheit. Freiheit heißt nicht, dass alles möglich ist. Sondern, dass Raum bleibt für das, was wichtig ist und der Seele gut tut. Benedikt ist jedem Extrem und jedem Perfektionismus abhold. Nicht auf die Zahl der Gebete etwa kommt es ihm an, sondern dass beim Beten „Herz und Stimme in Einklang sind". So steht es in *seiner* Regel. Der Einzelne soll auch nicht nur das gemeinschaftliche Gebet, sondern ebenso das private Gebet pflegen und genügend Freiheit dafür haben. Wenn im Anschluss an das gemeinsame Gebet noch etwas innegehalten wird zu privatem Gebet, soll das auch nicht zu lange geschehen. Dem Gebet und der geistlichen Lesung soll genügend Raum eingeräumt werden, und doch soll auch die Arbeit nicht zu kurz kommen. Der Sonntag soll für die geistliche Lesung frei bleiben, aber wer nicht lesen kann oder will, der soll eine andere Tätigkeit ausüben.

Den Topf nicht zerbrechen

Perfektionismus macht unfrei. Er stößt Menschen immer an Grenzen. Deswegen sagt Benedikt zum Abt auch, er möge von seinen Mönchen nicht zu viel verlangen: Er soll den Topf nicht so ausscheuern, dass er zerbricht. In seiner Regel wird immer wieder deutlich, dass man ins Kloster geht nicht zur Buße, sondern angetrieben von der Frage: „Willst du glücklich sein?"

Und Glück ist nicht mit Zwang zu erreichen.

Demut als Haltung

Demut steht der Freiheit nicht entgegen. In der Regel des Benedikt spielt diese Haltung eine entscheidende Rolle. Er widmet ihr ein langes Kapitel. Es geht darum, zu erkennen, dass ich Geschöpf Gottes bin. Ich bin nicht der Macher der Welt und nicht der Macher meines eigenen Lebens, sondern vertraue darauf, dass Gott sich mir liebevoll zuwendet und es gut mit mir meint. Das ist der tiefste Grund meiner Freiheit. Und die Sehnsucht verspüren immer mehr, auch junge Menschen.

Nonkonformismus

Sich gegen den Strom zu stellen, das ist unbequem. Aber nur tote Fische schwimmen bekanntlich mit dem Strom. Wer sich gegen den Strom stellt, muss Kraft haben. Und er braucht nicht nur Mut, sondern auch ein dickes Fell. Ich habe mir da immer eine gewisse Freiheit und einen bestimmten Widerspruchsgeist bewahrt. Vielleicht ist es auch der Nonkonformismus, der uns Mönchen ja in einer ganz alternativen Lebensform gegeben ist. Mönche sind quasi von ihrem Status her Unruhestifter, weil sie von ihrer gewählten Lebensform her die Sehnsucht nach Freiheit in sich tragen. Leben heißt für sie daher immer auch: widersprechen, wenn etwas nicht stimmt. Gehorsam als Verzicht auf Selbstbehauptung und Narzissmus ist eine Quelle der Selbststärkung. Aber daneben ist auch Sehnsucht eine wichtige Kategorie dieses Lebens.

Das Mönchtum ist eigentlich keine Institution, sondern eine Bewegung, immer im Prozess der Suche, in Gärung, Leben im Experiment, unterwegs durch die Zeit und immer achtsam auf die Zeichen der Zeit, hörend – gehorsam – auf den Anruf Gottes in dieser Zeit. Gott ist ein Ruhestörer, einer, der die Sehnsucht der Menschen provoziert. So wie es im Psalm 63 heißt: „Gott, du mein Gott, dich suche ich, meine Seele dürstet nach dir. Nach dir schmachtet mein Leib wie dürres, lechzendes Land ohne Wasser." Die saturierte Ruhe von Wellnessinseln ist nicht die Antwort auf seinen Anruf. Nur was stört, ist lebendig.

Klöster sind also, wenn man es paradox formulieren wollte, institutionalisierte Orte der fortwährenden lebendigen Suche – nach dem Gott, der sich nie ganz fassen lässt und den man nie in der Tasche haben kann. Sie sind zugleich Orte der Suche nach einem sinnvollen Leben in Gemeinschaft. Diese Sehnsucht ist größer als der Drang, Karriere zu machen oder Erfolg zu haben. Sehnsucht setzt positive Energie frei. Andererseits ist sie aber auch eine kritische Kraft, die sich artikuliert, wenn die Verhältnisse freiheitsbehindernd sind. Sie ist die Triebkraft, die für Erneuerung sorgt und sich nicht im Behäbigen und Bequemen einrichtet.

Dieses Bedürfnis zum Widerspruch und zum Protest ist bei mir *vielleicht* auch ein persönliches Relikt aus der Jugendzeit. Schon damals haben wir immer gerne mal „kleine Bömbchen" gelegt, um Verkrustungen und Versteinerungen aufzubrechen, und haben versucht, die Leute aufzuwecken, wo alles seinen verschlafenen und eingeschliffenen Trott ging. Schließlich war es ja auch ein Mönch, allerdings ein Franziskaner, Bertold Schwarz, der das Schwarzpulver erfunden hat. Historiker halten es für eine Legende. Auch wenn es stimmen sollte: Das soll keine Verteidigung des Schießpulvers oder der Gewalt sein. Aber manchmal muss man eben lauter werden und deutlich sprechen, um Gehör zu finden und dem Gehör zu verschaffen, worauf es wirklich ankommt.

Gebet und Vertrauen

Wenn ich die Psalmen rezitiere, weiß ich, wie mich diese alten Texte dann wieder im Alltag tragen können. Das gibt ein tiefes Grundvertrauen. Es kann mir nichts passieren. Egal was kommt, politisch, wirtschaftlich, persönlich. Nichts kann mich erschüttern. Ruhelosigkeit, das ist ein Gefühl, das ich nicht kenne. Beten ist der Grund dafür. Beten ist für Benedikt wie das Fasten: Indem ich mich auf diese alten Texte einlasse, meine eigenen Ängste und Sorgen loslasse und mich an die Menschen halte, die sie über Jahrhunderte immer wieder gebetet haben, und ihre Texte mitbete, weitet sich mein Herz und wird neu angefüllt durch diese Ausrichtung auf Gott und das Vertrauen auf ihn. Diese alten Texte sind voll von Vertrauensworten, die mich in Berührung bringen mit dem Vertrauen von Generationen und Generationen vor mir, die diese Gebete schon gesprochen haben, und sie bringen mich in Berührung mit dem Heilen, das sie erfahren haben: „Der Herr ist mit mir; ich fürchte mich nicht. Was können Menschen mir antun!" (Ps 118). Und wenn der Psalmist sein Vertrauen bekennt, dann spricht er auch zu mir: „Euer Herz sei stark und unverzagt, ihr alle, die ihr wartet auf den Herrn" (Ps 31,25).

Genießen können

Wenn wir den Zusammenhang von Glück und Glauben reflektieren, kommen wir nicht umhin zu sehen: Es gibt auch im Christentum eine Geschichte innerer Unfreiheit. Es gab da etwa auch immer den Trend zur Leidensverherrlichung. Das war die Schattenseite der anderen grundlegenden Erfahrung, dass Leid keineswegs immer mit Unfreiheit verbunden ist. Wir sind ja zum Teil noch so erzogen worden: Es muss weh tun. Es darf nicht gut sein. Das Essen muss man hinunterdrücken – nur weil man es braucht, damit man nicht verhungert. Lust ist nur erlaubt, wenn es darum geht, Kinder zu zeugen. Und als Kind haben wir noch gehört: Was süß ist für den Mund, ist sauer für den Magen. Die gesunden Dinge schmecken sowieso alle nicht gut.

Zur Christusnachfolge gehört zweifelsohne die Kreuzesnachfolge, doch bestand das Ziel Jesu nicht im Leiden, sondern in der Überwindung des Leids. Benedikts Christusbild ist der Auferstandene, der Lebendige, der in der Gemeinschaft der Kirche und des Klosters lebt. Die Grundstimmung ist die Freude des befreiten Menschen. Benediktiner galten noch nie als Kostverächter. Auch das Genießenkönnen wird zu einem Zeichen christlicher Freiheit.

Frei für eine neue Sicht

Was heißt schon Scheitern? Und was heißt schon Erfolg? Ich erzähle manchmal eine Geschichte, in der ich gescheitert bin. An der ich aber auch gemerkt habe, dass man eigene Vorstellungen loslassen muss –, um frei zu werden für eine neue Sicht der Dinge. Es ging um die Gründung eines Klosters in Zaire. Und zwar an einem ganz besonderen Platz. Von dort aus hatte nämlich vor über 100 Jahren unsere Mission im Kongo begonnen. Für uns war das sozusagen ein „heiliger Ort". Mir lag er besonders am Herzen. Deswegen war das Scheitern hier besonders schmerzlich. Einiges war schon schief gegangen. Es hätte trotzdem kein Desaster werden müssen. Aber dann kam der Bürgerkrieg. Das Kloster wurde während des Krieges fünfmal überfallen und geplündert. Am Ende war keine Tür und kein Fensterstock mehr da. Die Lage war hoffnungslos. Da konnte man also nichts mehr machen, und ich hatte das Projekt schon total abgeschrieben. Unsere Mitbrüder waren in alle Winde zerstreut worden, drei von ihnen sind nach Tansania gegangen – auch das eine abenteuerliche Geschichte.

Ich bekam dann am Ende des Bürgerkriegs ein Fax aus Kananga, der Stadt nebenan, aus der erzbischöflichen Prokura: „Was sollen wir tun? Das Kloster ist jetzt zugemacht? Wo sollen wir hingehen?" Bevor ich richtig antworten konnte, kam ein Fax aus dem Benediktinerkloster in Kinshasa: „Wir sind inzwischen hier eingetroffen Was sollen wir tun, und wer zahlt dann für uns?" Dann habe ich kurz hingeschrieben. Kurz darauf kam das erste Fax aus Dar-es-Salam, wo einer der drei inzwischen eingetroffen war. Einer von den drei Mitbrüdern ist dann Weltpriester geworden. Damit war also das Ende des Klosters in Zaire besiegelt. Dachte ich. Bis ich einen Brief von italienischen Benediktinerinnen aus Florenz bekam. Die hatten zwei oder drei Schwestern aus Zaire bei sich aufgenommen. Diese Schwestern waren nun wieder in ihre Heimat zurückgegangen – und hatten sich genau dort in diesem Kloster niedergelassen, das wir gebaut und in der Zwischenzeit aufgegeben hatten.

Wenn eine Tür definitiv zugeschlagen scheint, öffnet sich unvermutet eine andere.

Was gescheitert scheint, geht weiter – in anderer Weise, als ich das vorgesehen hatte: trotzdem. Hoffnung heißt also auch: Mach dich frei von eigenen Erwartungen. Lass deine Vorstellungen los. Bleib offen für neue Varianten der Vorsehung!

Entscheidend im Leben ist etwas anderes: Sich ansprechen lassen, auf den Ruf Gottes hören. Sich die Freiheit nehmen, darauf zu antworten – mit seinem Leben. Es war im Jahre 1955 im März, als ich auf dem Dachboden in unserem Haus, in dem wir in Miete wohnten, ein altes Missionsheft fand und die Lebensbeschreibung von Pierre Chanel las. Das hat mich so bewegt, dass ich mir gesagt habe: Christus braucht dich. Dieser Mann hatte nie Erfolg als Missionar. Das war für mich zeitlebens sehr wichtig: Du brauchst nie auf Erfolg zu schauen, wenn du dich für Christus einsetzt. Den Erfolg gibt Gott zu seiner Zeit.

Was Musik ausdrückt

Jeden Morgen, jeden Abend bete ich mit meinen Brüdern zusammen das Stundengebet: Wir lobpreisen Gott. Der gregorianische Choral, den wir im gemeinsamen Stundengebet singen, ist eigentlich die Steigerung des gesprochenen Wortes in die Musik hinein. Wer singt, betet doppelt, dieses Augustinus zugeschriebene Wort stimmt.

Musik schafft Freiraum. Sie belebt, sie regt an, sie intensiviert das Leben und stärkt die inneren Ressourcen. Ich kenne Menschen, die zwischendurch eine „Auszeit" brauchen, um sich zu regenerieren. Ich habe meine Auszeit jeden Tag, wenn ich am Morgen nach dem Frühstück mal schnell in die Gitarre greife und wenn ich jeden Abend zwanzig Minuten lang auf der Querflöte spiele.

Musik drückt etwas aus und sagt etwas, wo das Wort versagt oder wo Reden allein nicht genügt. Bei einer Trauersituation etwa. Aber auch in Situationen der Freude. Manchmal wenn ich Menschen begegne, singen wir einfach miteinander und es passiert etwas in einer Tiefe, die wir mit Worten allein unmöglich hätten erreichen können. Eine solche Art des Ausdrucks bringt uns ganz anders zusammen.

Musik ist auch die Steigerung des Lebens. Was Musik freisetzen kann, habe ich am schönsten erlebt in Nordkorea. Wir haben in diesem kommunistischen Staat ein

Krankenhaus eingeweiht, das wir nach vielen Schwierigkeiten gebaut hatten. Eine Schwester sagte spontan zu mir: „Abtprimas, holen Sie doch Ihre Querflöte heraus. Spielen Sie uns etwas vor!"

Dann habe ich während des festlichen Mittagessens mit den kommunistischen Funktionären Mozart gespielt. Plötzlich fiel mir ein, dass ich auch ein koreanisches Volkslied kann, es ist sicher das bekannteste. Als ich das anspielte, sprang eine Bedienung auf und sang spontan mit, und ich habe sie begleitet. Man kann gar nicht beschreiben, was da aufblühte, was plötzlich an Kommunikation möglich war.

Wenn manche sich immer wieder wundern, dass ich auch mit Kommunisten „konnte" – das Geheimnis erklärt sich aus einer solchen Situation: Die Musik hat diese Freiheit geschaffen, diesen Resonanzraum auf der Ebene des Herzens ermöglicht. Wir konnten einfach als Menschen aufeinander zugehen.

Der große evangelische Theologe Karl Barth sagte mir vor vielen Jahren einmal bei einem Besuch in S. Anselmo, er stehe jeden Morgen mit Mozart-Musik auf und hoffe, dass er im Himmel denselben Genuss haben werde.

Das erste Lied

Im Kloster von S. Anselmo war ich vier Jahre der Chorleiter für gregorianische Musik. Und wir haben für den Vatikan das „Jubilate Deo" eingesungen und zahlreiche Konzerte gegeben. Mein Wappenspruch „Jubilate Deo" bezieht sich auf einen der schönsten Gesänge der Gregorianik, das Offertorium „Jubilate Deo". Das ist zu meinem Lebensinhalt geworden: nicht auf mich zu schauen, sondern auf Gott, seine Größe zu preisen, die Freude, von Gott angenommen zu sein. Das ist der tiefste Grund meiner Freiheit.

Die Musik gehört zu meinem Leben, von Anfang an. Als ich vier Jahre alt war, war ich einmal bei unserer Vermieterin, der Hausfrau, wie wir sie nannten, und wir haben Schupfnudeln gedreht. Und sie hat dann gesungen: „Geh' mach dein Fensterl auf, i wart schon so lang drauf. A oanzigs Busserl möcht i nur, vielleicht lass i dir dann dei Ruah." Das war das erste Lied in meinem Leben. Damit begann meine „Musikkarriere". Ich habe dann später Blockflöte gelernt, mit elf Jahren Geige begonnen, und in St. Ottilien sollte ich ins Orchester kommen und da habe ich gesehen: Es fehlte die Querflöte. Da habe ich eben Querflöte gelernt. Seitdem ist die Querflöte mein Lebensinstrument geworden.

Ich nehme mir auch als Abt die Freiheit zur Rockmusik. Sie ist besonders, sie hat aber auch ihren Sitz im Leben. 1991 saß ich mit ein paar Schülern und Lehrern zusammen und habe gesagt: In einer Schule sollte immer etwas

Neues geschehen, da muss sich was bewegen. Und da warf einer in die Runde: Machen wir einen Zirkus! Ich habe die Idee aufgeschnappt und gesagt: Wir sind zwar schon ein Zirkus im Kloster, jetzt machen wir noch einen. Dabei war natürlich auch Musik angesagt. Jemand aus der Band unserer ehemaligen Schüler, Feedback, kam auf mich zu und meinte: „Geh, Vater Erzabt, du spielst doch so gut Querflöte. Versuch es doch einmal mit dem Flötensolo von Jethro Tull's ,Locomotive breath'.“ Gesagt, getan, und weil man mit einer Flöte nicht so viel tun kann, haben sie mir noch eine Gitarre in die Hand gedrückt und ein paar Riffs beigebracht, ich habe dann das ,It's all over now' in der Version der Rolling Stones gespielt, die ich sowieso immer mochte.

Ich bin dann mit der Gruppe zusammengewachsen – auch menschlich. Ich habe ihre Lebensschicksale miterlebt und mitgetragen bis zum heutigen Tag. Auch das ist eine Form, mit den Menschen zu sein.

Man muss für sich die Konsequenz ziehen, dass nur tote Fische mit dem Strom schwimmen. Was lebt, stört. Aber es ist lebendig. Als ich einmal gefragt wurde, ob hinter meiner Liebe zur Musik und meiner Sympathie für die Rockmusik nicht auch ein solches Gefühl steht, konnte ich nur zustimmen. Gerade die Rockmusik ist historisch ja im Zusammenhang der 68er Proteste entstanden. Wie immer man zu dieser Zeit steht, sie hat einen großen Freiheitswillen gebracht. Sie hat freilich auch Problematisches gebracht. Aber auch das gehört zur Freiheit, dass sie immer verantwortet werden muss.

Zeit für andere

Zeit zu haben für die anderen, das habe ich gelernt durch das Chorgebet. Was mich das klösterliche Leben lehrte: Ich bin immer so frei, mir Zeit für andere zu nehmen. Das beeinträchtigt meine Freiheit nicht, im Gegenteil. Zeit ist für mich unmittelbar eine Dimension des Menschen, meiner selbst, aber vor allem auch meiner Mitmenschen. Zeit bedeutet: Zeit haben für andere. Wenn andere da sind, die mich brauchen, kann ich alles stehen lassen, und mag es noch so drängen. Es ist auch eine Frage der Liebe, die sich auswirkt und Zeit schenkt.

Wer die Menschen mag, schenkt ihnen die Zeit weiter. Und darauf kommt es im Leben wirklich an: nicht auf die großen und gewaltigen Dinge, sondern auf das, was sich im Kleinen ereignen kann: ein Stückchen Glück mit anderen Menschen zusammen, ein Stückchen Freude auf Gemeinschaft. Das ist es.

3. Inspiration Christentum

Keine Du-sollst-Religion

Das Bild von Kirche als einer moralischen Anstalt ist eine Verzerrung. Der Kern der Botschaft Jesu ist doch, dass der Glaube an Gott befreit zur Lebensfreude und dass er zur Hoffnung verhilft, dass diese Freiheit etwas Unverbrüchliches ist. Dass die „Freiheit der Christenmenschen" die zentrale Botschaft des Glaubens ist, das kam über lange Zeit zu kurz. In der Wahrnehmung vieler Menschen ist die Kirche eine moralisch dominierte Verbotsinstitution – ob wir das wollen oder nicht. Christentum kommt bei Durchschnittsmenschen so an, als gäbe es nur Gebote und Verbote: Du musst! Und: Du darfst nicht, du darfst nicht, du darfst nicht! Du darfst nicht frei sein, weil wir dir alles vorschreiben. Du darfst keinen Sex haben, denn das ist zu schön. Scheinbar alles wird verboten. Dass das Christentum der eigentliche Weg zur Freiheit ist, dass ich mein Leben allein auf Gott als Fundament bauen kann, das verständlich „rüberzubringen", scheint schwierig. Und ein solches Image kann man auch nicht von heute auf morgen abschütteln. Aber Kirche muss ein Hort der Freiheit sein. Hier sollten Menschen nicht die Erfahrung von Bevormundung machen müssen. Gerade das müssten wir schleunigst aufgeben.

Dabei sollten wir aber nicht über Bord werfen, dass Kirche Anwalt der Askese ist. Und das ist gut so. Der Moraltheologe Richard Egenter hat es auf die zutreffende Formulierung gebracht: Askese ist die Selbstvergewisserung der Fähigkeit, das Gute zu tun. Wenn sie darauf besteht, bleibt die Kirche Anwalt der Freiheit.

Übrigens liegt auch die Chance der Klöster und der Orden darin, dass Menschen hier Freiheitserfahrungen machen können: Wer draußen ständig kämpfen, seine Ellenbogen einsetzen oder sich ducken muss, soll hier erfahren können: Hier werde ich ernst genommen.

Natürlich muss das auch wieder ausstrahlen in die Welt und die Gesellschaft – durch Christen, die ihre Freiheit leben und die auch im Alltag der Welt Gott und seine Liebe zur Norm ihres Handelns werden lassen.

Zur Freiheit berufen

Wir sind als Christen zur Freiheit berufen, sagt Paulus im Brief an die Galater. Er spricht eine eindeutige Sprache, die wir immer wieder in Erinnerung rufen sollten: „Für die Freiheit hat Christus uns freigemacht; stehet nun fest und lasset euch nicht wiederum unter einem Joche der Knechtschaft halten." (Gal. 5,1)
So lautet ein Kernsatz des Christentums.

Die Unsicherheit, die mit der Freiheit gegeben ist, gehört notwendig auch zum menschlichen Leben und zur Schöpfung. Sie ist Teil der christlichen Botschaft. Natürlich wird es immer die Sünder und die Sünde geben. Aber es gibt eben auch die Vergebung. Dass Menschen bedingungslosen Gehorsam leisten müssen, das darf es in der Kirche nicht geben, die sich auf diese Tradition der Freiheit beruft. Kirche darf eine absolut verstandene Unterwürfigkeit auf keinen Fall zulassen.

Im Neuen Testament steht schlicht die zentrale Bedeutung von Freiheit: „Und ihr werdet die Wahrheit erkennen, und die Wahrheit wird euch frei machen." (Joh 8,32)

Auch wenn die Wahrheit manchmal schwer zu ertragen und die autoritative Regelung der Wirklichkeit einfacher scheint: Macht steht mit Freiheit immer in einem schwierigen Verhältnis.

Und diese Freiheit ist es, die das Evangelium auf ihrer Seite hat: „Der Herr aber ist der Geist; wo aber der Geist des Herrn ist, ist Freiheit." (2 Kor 3,17)

Oder: „Wer aber in das vollkommene Gesetz, das der Freiheit, nahe hineingeschaut hat, hineinschauet und darin bleibt, indem er nicht ein vergesslicher Hörer, sondern ein Täter des Werkes ist, dieser wird glückselig sein in seinem Tun." (Jak 1,25)

Zum Glauben gehört Freiheit

Christliche Freiheit ist gut und ist wichtig, nach innen und nach außen. Es hat sie immer gegeben. Die heilige Katharina von Siena zum Beispiel, die gegen das kirchliche Establishment aufgetreten ist und auch den Hierarchen ihre Meinung gesagt hat, wird gerne, auch von Bischöfen, als Vorbild für christlichen Freimut gefeiert. Gerne fügen ihre Laudatoren dann dazu, dass sie aber vorher 20 Jahre gebetet und geschwiegen hat. Ich würde nicht so lange warten. Schon Paulus war für die Redefreiheit. Angst sollte nicht sein. In der Liebe ebenso wenig wie im Glauben.

Angst ist heute eine Grundbefindlichkeit des Menschen: Angst vor der Langeweile und Leere. Angst vor Verlust. Die Angst vor dem sozialen Abstieg und vor Armut. Die Angst vor dem Tod. Letztlich die Angst vor dem Nichts. Wenn es keinen Gott gibt, ist die Konfrontation mit dem Nichts unausweichlich. Wenn es keinen Gott gibt, dann ist nichts mehr da. Nur das Nichts.

Freiheit ist das Gegenteil von Angst. Das Urbild biblischen Glaubens ist eine Tugend, in der Mut, Risikobereitschaft, Vertrauen und Hoffnung zusammengehen: In Genesis 12-13 wird berichtet, wie Abraham sich aus familiären und sozialen Bindungen löst und mit seiner unfruchtbaren Frau in ein fremdes Land zieht, weil Gott ihn gerufen und Nachkommen verheißen hat. Vertrauen, Liebe und Hoffnung – damit ist auch der Grundimpetus des Christentums definiert.

Früher wurde die Angst oft dazu gebraucht, um die Leute in die Kirche zu bringen und sie zur Beichte zu bewegen. Was eine richtige Kapuzinerpredigt war, die hat den Frommen durchaus Angst eingejagt. Heute sollte man sich nicht darauf verlassen, dass die Menschen aus Angst vor dem Fegefeuer zur Beichte gehen. Reife Christen wissen sehr wohl um ihre Unzulänglichkeiten und ihre Sünden. Eine Kapuzinerpredigt gehört heute ins Archiv.

Wo bleiben die Propheten?

Gibt es heute noch Propheten? Gibt es sie unter uns? Woran erkennt man sie? Zunächst: Wer so nach der Kirche fragt, sollte nicht vergessen: Die Kirche ist größer als die Kirche im deutschsprachigen Raum. Und die deutsche Kirche kann von Christen in anderen Kontinenten lernen. Von den mutigen Schwestern etwa, die am Rand eines Slums in der brasilianischen Millionenstadt Salvador ein kontemplatives Kloster gründeten und rund um ihr Kloster zahlreiche Sozialprojekte entwickelt haben – und damit viele Jugendliche in diesem Viertel von der Kriminalität fernhalten. Von den afrikanischen Brüdern, die im vom Bürgerkrieg bedrohten Togo den Ärmsten der Armen, den Aids-Waisenkindern, eine neue Hoffnung und Zukunft geben, indem sie sie in einem Heim aufnehmen. Von dem chinesischen Bischof, der 27 Jahre kommunistisches Gefängnis und Umerziehungslager überstanden hat und dennoch nicht den Glauben, nicht den Mut und nicht die Hoffnung verlor und der mir sagte: „Die Welt ist in Gottes Hand. Es gibt Zeiten, in denen wir meinen, Menschen hätten Macht über uns. Aber verglichen mit Gott ist diese Macht immer ärmlich. Er ist die Zukunft."

Aber auch von ganz unspektakulären Propheten können wir lernen: Von den lateinamerikanischen Basisgemeinden etwa, von ihrem Engagement und dem Mut dieser Leute, neue Wege zu gehen, sich als kleinere Gruppen zu organisieren, wo nicht immer der Pfarrer dabei ist. Aus Eigenverantwortung übernehmen sie Aufgaben in der

Gemeinde. Und sie nehmen dadurch ihre Freiheit und ihre Verantwortung als Christenmenschen wahr. Ein Vorbild für viele von uns, die auf Reformen von oben warten, statt ihre Zukunft selber in die Hand zu nehmen.

Das Prophetenamt ist aber auch bei uns nicht untergegangen. Wir sehen es nur oft nicht, wo die Propheten heute sind. Sie wachsen, wo der Herrgott sie wachsen lässt. Er leitet die Kirche wie früher. Die alten Strukturen der Volkskirche werden zusammenbrechen. Sie sind schon zusammengebrochen, auch wenn viele es noch nicht merken. Dabei gibt es Menschen, in Unternehmen etwa, die wirkliche bewusste Christen sind. Auch das ist ja prophetisch: wenn jemand seinen Betrieb wirklich nach christlichen Grundsätzen leitet.

Fürchtet euch nicht!

Auf den Philippinen besuchte ich unlängst einige unserer benediktinischen Ordensfrauen und staunte nicht wenig, als ich erfuhr, dass ein junger Chinese mit seiner Frau und seinen fünf Kindern bei ihnen wohnte.

Was war geschehen?

Der Mann hatte in einem Korruptionsskandal gegen einige Erpresser ausgesagt. Nun wollten sich die Hintermänner an ihm rächen. Sein Leben und das seiner Kinder waren bedroht. In dieser Situation boten die Schwestern der ganzen Familie an, bei ihnen im Kloster zu wohnen. Wann immer der Mann nun vor Gericht musste, begleiteten ihn die Ordensfrauen, wohl wissend, dass sie damit ihr eigenes Leben aufs Spiel setzten.

Ich konnte den Mut dieser Schwestern nur bewundern und musste an eine Szene aus den 1980er Jahren denken: Als das philippinische Volk damals gegen Präsident Marcos protestierte, fuhren Panzer auf. Alles schien in einem Blutbad zu enden. Doch in diesem Moment kletterten Ordensfrauen mutig auf die Panzer und begannen, dort den Rosenkranz zu beten. Kein Schuss fiel.

Solchen Mut kann nur derjenige aufbringen, der weiß, dass sein Leben in Gottes Hand liegt. Sein Geist befreit uns von der Angst um unser Leben. Er gibt Menschen wie diesen Ordensfrauen die Kraft, sich nicht einschüchtern zu lassen und selbst Todesdrohungen gelassen entgegenzusehen. Solche Furchtlosigkeit schenkt die Freiheit,

Unrecht beim Namen zu nennen. Die ersten Christen kannten diese Freiheit. Sie standen zu ihrer Glaubensüberzeugung, ungeachtet der Tatsache, dass sie dafür verfolgt, misshandelt oder sogar getötet würden. Es ist eine Freiheit, die den Tod nicht mehr fürchtet, weil sie sich eins mit Christus weiß.

In Deutschland ist der Glaube bequem geworden. Das Einzige, was er uns noch kosten kann, ist die Kirchensteuer. Und selbst das ist manchen zu viel. Von dem Gespür für die befreiende Kraft unseres Glaubens ist in der Regel nichts geblieben. „Fürchtet euch nicht", lautet der erste Satz, den die Hirten in der Heiligen Nacht von den Engeln hören. Eine Welt, die gekennzeichnet ist von Krieg und Folter, Gewalt und Lüge, all diesen Ausprägungen menschlicher Sünde, erfährt in dieser Nacht eine Neugeburt, eine neue Schöpfung. Das Elend verschwindet nicht, aber wir wissen uns seither in unserem Einsatz gegen das Elend eins mit Gott.

Die Botschaft der Vergebung

Schwester Bertwina ist heute über neunzig Jahre alt und die einzige Deutsche in einem südkoreanischen Kloster. Bei unserer ersten Begegnung erzählt sie mir munter, wie sie einst als junge Ordensfrau in Nordkorea arbeitete und dort in den 1950er Jahren von den Kommunisten inhaftiert wurde. Fast fünf Jahre hat sie zuerst im Gefängnis und dann in Gefangenenlagern zugebracht. Einige ihrer Gefährtinnen starben in dieser Zeit an Hunger, Kälte und Misshandlungen. Doch sie überlebte. Und bald nachdem sie freikam, baute sie mit anderen Schwestern in Südkorea ein neues Ordenshaus auf.

Ich frage sie, ob sie ihren Peinigern vergeben könne? Sie nickt. „O ja, das habe ich schon vor langer Zeit getan." Dadurch sei sie von ihrer eigenen Wut befreit worden und habe wieder anfangen können, auf die Zukunft zu schauen. Das Gebet Jesu am Kreuz sei ihr Vorbild gewesen: „Vater vergib ihnen, denn sie wissen nicht, was sie tun." Schließlich hätten manche ihrer Peiniger auch menschliche Züge gezeigt, fügt sie hinzu. Und wieder andere seien ja nur gezwungen worden, sich so brutal zu verhalten.

Wer die unbeschwerte und offene Art von Schwester Bertwina heute erlebt, möchte es kaum für möglich halten, dass diese Frau so viel durchgemacht hat. Menschen wie sie kennenzulernen, ist für mich immer wieder eine unvergleichliche Bereicherung. Offenbar hat sie ganz tief verstanden, was Jesus meinte, als er uns lehrte, unsere Feinde zu lieben. Es geht dabei nicht um irgendwelche Emotionen, sondern darum, den anderen als Mensch zu achten, auch dann, wenn uns das zunächst völlig unmöglich scheint.

Stets aufs Neue waren die Jünger Jesu fasziniert von der vorbehaltlosen Liebe, mit der er auf andere zuging. Und jeder spürte damals: Das ist etwas völlig Neues. Das ist nicht der Gott, der kleinlich unsere Fehler zählt, um uns als Richter zu strafen. Hier begegnet uns die Kraft einer Liebe, die im wahren Sinn des Wortes stärker ist als Hass und Versagen, Lüge und Tod.

Darf man für Mao beten?

Ich bin 1985, also vor über fünfundzwanzig Jahren, zum ersten Mal nach China gereist. Damals gab es noch keine Teerstraße vom Flughafen in die Innenstadt. Es war äußerst schwer, eine Unterkunft zu bekommen, wenn man sie nicht vorher gebucht hatte. Mein Begleiter, Pater Sebastian, und ich saßen jedes Mal etwa zwei Stunden auf unseren Koffern, bis wir ein Hotelzimmer zugewiesen bekamen.

Die Häuser in Peking waren noch niedrig, sechsstöckig, Beton, grau in grau. Die Menschen alle im Mao-Look, in diesen grauen Arbeiteranzügen. Und alles fuhr Fahrrad. Ich sagte damals schon: Wie soll das weitergehen, wenn China sich einmal entwickelt, wo sollen die Autos hin? Es war jedenfalls alles eine furchtbar triste, depressive Atmosphäre. Der diesige, umweltverschmutzte Himmel, durch den nur mühsam die Sonne drang, tat sein Übriges.

Wir sind dann als Erstes auf den Tiananmen gefahren, den „Platz des Himmlischen Friedens", so wie die meisten Touristen das heute auch tun werden. Und uns leuchtete dort gleich vom Eingangstor der „Verbotenen Stadt" aus das überlebensgroße Bildnis Mao Zedongs entgegen.

Das hing noch da, auch heute noch, obgleich Maos Ansehen durch die von ihm verantwortete Kulturrevolution ja gelitten und Deng Xiaoping inzwischen ein neues Zeitalter eingeläutet hatte: eine Zeit des Kapitalismus. Reich werden sollte von nun an die Religion schlechthin sein. An anderen Orten des Landes habe ich damals sogar gesehen, dass man Maos Statuen vom Sockel gestürzt hatte, nicht aber in Peking.

Mao Zedong hat für die Chinesen bis heute eine enorme Bedeutung. Denn er hat das Land aus der Fremdherrschaft befreit. Das ist der große Stolz der Chinesen: Nach einhundert Jahren europäischer, amerikanischer und japanischer Fremdherrschaft haben sie sich selber freigekämpft und am 1. Oktober 1949 konnten sie die Volksrepublik China ausrufen. Natürlich wissen wir heute, wie viele Zigmillionen Menschen unter Mao Zedong ums Leben gekommen sind, aber man wird einfach anerkennen müssen, dass er eine Symbolfigur ist, die für die Identität der heutigen Chinesen ihre Bedeutung hat und auch in Zukunft noch haben wird.

Am unteren Ende des Tiananmen Platzes steht das große Mausoleum Maos. Bei meinem ersten Besuch in China bin ich noch nicht hineingekommen, denn der Andrang war groß und man erhält auch nicht leicht die Eintrittserlaubnis. Doch bei meiner zweiten Reise 1989 sah das anders aus.

Am 4. Juni 1989 wollte ich wieder mit ein paar Leuten nach China fliegen und erfuhr aus dem Radio beim Packen von der blutigen Niederschlagung der Studentenrevolte auf dem Tiananmen. Daraufhin verschoben wir unsere Reise unbefristet. Aber dann kamen ein paar Briefe von Christen in China: „Wo bleibt ihr denn? Wir brauchen euch und eure Präsenz heute dringender denn je!" So sind wir sechs Wochen nach dem Massaker schließlich doch nach Peking geflogen.

Dort sah alles relativ gespenstisch aus, und es gab nur ganz wenige Touristen. Man hatte uns in Deutschland auch eindringlich von Reisen nach China abgeraten, denn man 81 wollte China ja abstrafen. Aber durch diese Umstände konnte ich dann auf dem Tiananmen Platz ohne Schwierigkeiten in das Mausoleum von Mao Zedong gelangen.

Man kommt hinein in einen gespenstisch wirkenden Raum, grün, zum Teil auch mit rotem Samt ausgeschlagen, und sieht auf einem Podest in einem gläsernen Sarg Mao Zedong. Die Szene hat mich irgendwo nachdenklich gestimmt: Was wollen wir eigentlich hier? Und was hat dieser Mann für dieses Volk zu bedeuten? Was hat er an Erbe hinterlassen? Wie viele Tote zeichnen seine Spur?

Wir sind ganz langsam vorwärtsgegangen in Reih und Glied, entlang eines roten Seils, und ich konnte den Blick nicht von ihm lassen. Es war eine ganz eigenartige Stimmung. Und auf einmal stellte ich mir die Frage, ob ich nicht auch für diesen Mann beten könnte?

Viele Europäer werden das total ablehnen und lehnten das auch ab, wenn ich es erzählte. Dafür habe ich volles Verständnis. Aber für mich war das Vaterunser, das ich dann für diesen Mann gebetet habe, ein Zeichen: „Gott, das Gericht überlasse ich dir! Nicht an mir liegt es zu richten, auch wenn ich diesen Mann selbstverständlich am liebsten in die Hölle wünschte. Gott allein weiß die Dinge zu beurteilen."

Erst Vergebung befreit

Es gibt in der christlichen Botschaft keine Rache. Es gibt nur den Weg der Vergebung. Damit ist nicht Verdrängung gemeint. Das Einräumen der Tatsachen ist wichtig, aber nicht alles. Auch Verantwortung zu übernehmen ist wichtig, aber auch damit ist die Schuld noch nicht erledigt. Ich kann immer wieder sagen: Es geht mir zu Herzen, ich bin mitschuldig. Das reicht nicht. Erst wenn Vergebung stattfindet, wird Befreiung aus der Verstrickung möglich.

Ich habe Verständnis dafür: Wenn jemand schwer getroffen ist, dann kann es lange brauchen, bis er vergeben kann. Das ist auch ein psychischer Prozess. Erst die Vergebung befreit uns von der Verhaftung an die Vergangenheit. Die Narben werden bleiben und die können auch immer wieder aufreißen. Ich kenne Frauen, die als junge Mädchen vergewaltigt wurden und die dadurch wieder frei geworden sind, dass sie sagten: „Es war brutal, aber ich kann es nicht mehr ungeschehen machen. Es gibt nur den Weg über Gott."

Es bleibt wahr: Weder Rache macht frei noch das ständige Herumstochern im Vergangenen. Der Weg der Vergebung führt in die Freiheit.

Jesus geht mit seiner Forderung der Feindesliebe noch ein gutes Stück weiter. Wir reden zwar oft davon, sind aber noch weit davon entfernt, sie zu praktizieren. Sie ist unserer Mentalität mehr als fremd.

Konfuzius und die Religionsfreiheit

Ich habe mein Herz ein Stück weit in China verloren. Ich mag die Chinesen; denn sie können echte Freunde sein, wenn sie einmal merken, wie sehr man auch sie selber mag. Mir war bei unserer ersten Reise 1985 klar geworden, dass es keinen Sinn hatte, heimlich durch das Land reisen zu wollen, denn in China gibt es zwar viele Geheimnisse, aber nichts bleibt geheim. Bereits bei unserem ersten Besuch in Yanji hatte uns eines Tages völlig überraschend der Polizeichef im Haus der Christin Domitilla empfangen und verhört. Am Ende war alles gut ausgegangen, aber seither wusste natürlich jeder, wer wir waren.

Auf unserer zweiten Reise 1989 stattete ich deshalb dem örtlichen Religionsbüro in Changchun, der heutigen Hauptstadt der Provinz Jilin, sofort einen offiziellen Besuch ab. Wir unterhielten uns dabei länger mit dem Chef des Büros, der auch der zweite Mann in der kommunistischen Partei dieser Provinz war, Herrn Guo. Er war an die vierzig Jahre alt, also nur wenig jünger als ich damals, und wir waren uns sofort sympathisch.

Und dieser Mann versuchte uns zu erklären, dass China die volle Religionsfreiheit habe. Das stünde im Gesetz und würde auch so durchgeführt. Darauf sagten wir lachend: „Naja, also unter Religionsfreiheit verstehen wir schon etwas anderes." Und in demselben Augenblick kam mir zu Bewusstsein: Der Mann hat in seinem Leben ja noch nie etwas außerhalb Chinas gesehen, woher soll er wissen, was Religionsfreiheit nach unserem Verständnis ist?

Und noch etwas kommt in China dazu: Die Chinesen waren seit Jahrtausenden gewohnt, dass der Kaiser nicht nur Herr des Landes, des Geldes und des Militärs war, sondern auch Herr der Religion. Der Kaiser war der Mann, der in der konfuzianischen Tradition die Ernteopfer darbringen musste. Deshalb meinen auch jetzt die chinesischen Machthaber, sie müssten in der Religion das Sagen haben.

Und so machte ich dem Leiter des Religionsbüros ganz spontan den Vorschlag, er solle mal mit ein paar Leuten zu uns nach St. Ottilien kommen, um zu studieren, wie Religionsfreiheit bei uns aussieht. Er kam dann zwei Jahre später mit zwei Parteifreunden sowie einem jüngeren und einem älteren Priester, dem späteren Bischof von Jilin.

Das war ein sehr interessanter Aufenthalt, und wir besuchten Kardinal Wetter sowie verschiedene Regierungsstellen. Unsere chinesischen Gäste begriffen damals, dass auch bei uns Kirche und Staat getrennt sind, aber doch auf vielen Ebenen unbefangen zusammenarbeiten. Und noch etwas war für die Chinesen ebenso interessant wie neu: dass die Kirche sehr viele Sozialwerke hat. Religion hatte in ihren Augen bislang nur etwas mit privater Frömmigkeit zu tun.

Seither kamen verschiedene chinesische Delegationen nach St. Ottilien, keineswegs nur religiöse, sondern z. B. auch Medizinprofessoren und Ärzte und einmal sogar eine Delegation für Umweltfragen. Wir haben von Anfang an auch den Kontakt zur Universität von Yanji gesucht, zum dortigen Präsidenten, besorgten für einzelne Studenten aus China Stipendien. Damit haben wir natürlich als Benediktiner einen Kredit gewonnen, weil man verstanden hat, dass wir etwas für das Volk tun und nicht nur fromme Worte machen. Uns geht es um den ganzen Menschen.

Ich habe immer wieder versucht, den Behörden die Angst zu nehmen und Vertrauen aufzubauen. Wir haben kirchliche Projekte immer mit sozialen aufgewogen. Das alles wurde letztlich auch respektiert und hat irgendwann das Eis gebrochen. Ich habe mich natürlich sehr gefreut, als der Universitätspräsident von Yanji einmal bei einem großen Dinner sagte: „Seit wir die Benediktiner kennen, haben wir keine Angst mehr vor der katholischen Kirche."

Was Christus Konfuzius und Mao voraushat

Bei meinen früheren Chinareisen habe ich öfter noch Tagelöhner im wahrsten Sinne des Wortes gesehen: hagere, erbärmlich gekleidete Gestalten. Sie saßen an den Straßenkreuzungen, mit einem Hammer, einer Säge oder einem Hobel in der Hand, und warteten buchstäblich auf Beschäftigung.

Bei ihrem Anblick kam mir eigentlich das erste Mal zu Bewusstsein, was Tagelöhner sind: Leute, die wirklich dasitzen und warten müssen, bis sie jemand dingt. Und wenn sie keine Arbeit finden, haben sie auch kein Geld fürs Essen. Anhand solcher Erlebnisse wurde mir immer wieder klar, wie groß die Armut in China ist und wie wenig die Arbeitskraft und das Leben eines Menschen in China wert sind.

Ich weiß auch noch gut: Als ich einmal eine Klinik besichtigte, kamen wir zu einer Abteilung, in der ausschließlich Frauen lagen. Und als ich fragte, was für eine Station das sei, sagte man mir: „Ach, das sind nur Abtreibungen." Es ging zu wie am Fließband, es war erschütternd. Aber ich habe auch gemerkt, dass diese Abtreibungen im Bewusstsein der Chinesen überhaupt kein Problem darstellen. Das war eine kleine Operation, wie wenn man ein Furunkel entfernt. Da ging es nicht um etwas Besonderes wie ein menschliches Leben. Und insofern kam bei ihnen auch nicht das Gefühl auf, irgendetwas Unrechtes zu tun.

Abgesehen davon spielt in China auch die rein pragmatische Seite eine Rolle. Bei dieser Unmenge von Menschen – über eine Milliarde – kommt es nicht darauf an, ob ein paar mehr oder weniger da sind. Das klingt zynisch, entspricht aber einfach der Realität im Bewusstsein vieler Chinesen. Das war schon immer so: Das Individuum, die einzelne Person, hat in China keine Bedeutung und eigentlich auch kaum so etwas wie eine individuelle, personale Würde.

Ich erinnere mich auch an die ersten Hotelaufenthalte in China. Damals grüßte ich das Dienstpersonal auf den Etagen, wenn ich ihm begegnete, ganz selbstverständlich. Bei unseren chinesischen Gastgebern hat das viel Irritation ausgelöst. Solche Leute grüße man doch nicht. Ich sagte, bei uns sei das anders. Für Christen habe jeder Mensch einen Wert, und das spiegle sich eben oft in solch kleinen Gesten. Im Laufe der Jahre hat sich da auch in China einiges geändert, aber aufs Ganze gesehen habe ich bis heute den Eindruck, der Einzelne wird nirgendwo so richtig als Individuum geschätzt, außer vielleicht im Bereich der engsten Familie, des engsten Freundeskreises. Ansonsten denkt man gesellschaftlich oder politisch immer in der großen Masse, den Heerscharen, wie in der berühmten Terrakotta-Armee, die man in Xian besichtigen kann: Alle sind gleichgeschaltet. In China zählt der Einzelne nicht in seinem Wert als Einzelwesen, sondern nur als Nummer im Kollektiv, als Bestandteil der „großen Harmonie", wie es die Regierung auch jetzt wieder formuliert. Da hat jeder seinen Platz wie eine Ameise in ihrem Volk. Aber es ist niemals der unveräußerliche Mensch.

Diese mangelnde Würde der einzelnen Person hat ihre Grundlage in der chinesischen Geschichte, insbesondere in der konfuzianischen Tradition. In früherer Zeit konnte lediglich der Kaiser in China tun, was er wollte, er hatte absolute Machtbefugnisse. Der Einzelne zählt in der konfuzianischen Weltordnung nicht als Individuum, alle waren Untertanen.

So konnte auch Mao Millionen umbringen, ohne dass ihm Einhalt geboten wurde. Es hat mich immer entsetzt, dass die Chinesen, die überhaupt keinen Einfluss von außen haben wollen, ausgerechnet den Marxismus übernommen haben. Dem Christentum warf man immer vor, es sei eine westliche und daher fremde Religion. Da mutet es doch mehr als eigenartig an, wie sich die Lehre eines deutschen Philosophen jüdischer Herkunft namens Karl Marx in China ausgebreitet hat.

Der Kollektivismus eines Marx passt offenbar sehr gut zur chinesischen Mentalität. Der Marxismus ist ja über Russland und Stalin nach China gekommen, war also schon ein Stück weit auf die asiatische Mentalität zugeschnitten. Und im Marxismus genauso wie im Konfuzianismus zählt das Individuum nicht. Hier liegt offenbar der Boden dafür, dass sich die Menschen in China so als Masse vereinnahmen ließen, wie es durch die marxistische Ideologie geschehen ist.

Und das ist genau der Punkt, an dem ich meine, dass die christliche Religion China viel zu geben hat. Denn der eigentliche Wert des Menschen, der von Gott seine ganz persönliche Würde hat, wird nur im Christentum wirklich geschätzt. Und zu erfahren, dass diese Würde respektiert wird, ist letztlich die tiefste, innerste Sehnsucht eines jeden Menschen – ob in Deutschland oder in China.

Macht und Spiritualität

Oft werde ich danach gefragt, wie Macht und Kirche, Macht und Spiritualität zusammengehen. Meine Antwort: Es ist ein schwieriges, oft genug problematisches Verhältnis. Autorität muss es geben. Man muss Kompetenzen haben, man muss wissen, wer wofür zuständig und verantwortlich ist. Natürlich will jeder in dem, was er anpackt, auch Erfolg haben. Und wenn er Verantwortung trägt, ist es auch gut, wenn er Gestaltungsmöglichkeiten hat. Weil ich aber weiß, dass wir alle von unserer Natur her dem Machtstreben anheimfallen, muss ich ständig dagegen arbeiten. Ich bin insofern ein Machtskeptiker. Ich sage immer: Als Abtprimas habe ich keine Macht. Ich habe keine Vollmacht, außer über S. Anselmo. Deshalb braucht ein Abtprimas auch nicht vom Papst bestätigt zu werden, denn er hat ja keine Machtstellung innerhalb der Kirche. Das Machtstreben ist in uns so mächtig und ganz versteckt, auch in Kirchenleuten. Ich glaube, wir alle müssen davon loskommen. Der Heilige Vater spricht des Öfteren gegen das Karrierestreben innerhalb der Kirche. Es gilt: Wir müssen durch Dienst glänzen. In der Welt ist es so, sagt Jesus. Bei euch soll es nicht so sein.

Ausbrechen aus dem Mainstream

Natürlich gibt es Machtverhältnisse auch in der Kirche. Und gleich, ob wir von Machtverhältnissen in der Kirche oder der Gesellschaft reden: Es kann heute durchaus auch einer stumm gemacht werden. Damit Anpassung von unten und autoritäres Machtgebaren von oben nicht noch weiter um sich greifen, brauchen wir mehr Mut, die klassische Tugend der Tapferkeit. Freiheit ist nichts, was passiv passiert, sie ist etwas Aktives, man muss sie sich nehmen. Nur wahrgenommene Freiheit ist wirklich. Wir brauchen mehr Mut, nicht nur zum Widerstehen, sondern auch, um etwas Neues anzufangen. Die Kraft der Widerständigkeit, Leidenschaft für die Sache und inneres Feuer gehören immer dazu. Auch der Drang, Dinge zu tun, die nicht im Trend unserer Zeit liegen. Die Lust auszubrechen aus dem Mainstream, dem alle in der gleichen Richtung hinterherlaufen wie die Lemminge.

Gerade für Christen sollte gelten, die eigene Initiative höher zu schätzen als das Ruhegefühl des Verwaltetwerdens und den Geist höher zu schätzen als die zementierten Paragraphen.

Ein Gehorsam, der stark und frei macht

Auch die Kirche ist als Gemeinschaft – nicht nur von Heiligen, sondern auch von sündigen Menschen – nicht immun gegen die Gefahr, Freiheit zu unterdrücken. Unterwürfigkeit als Haltung lässt sich in einem solchen System als gelebte Tugend des Gehorsams ideologisch verbrämen. Das bleibt nicht ohne Konsequenzen.

Gehorsam ist eine spirituelle Tugend wenn er zum Weg der Befreiung von Selbstüberschätzung, von Machtbesessenheit und narzisstischem Selbstbehauptungsdrang wird. Ein solcher Gehorsam unterdrückt nicht, macht nicht zahm und unterwürfig. Er macht, ganz im Gegenteil, stark und frei. „Wer sich selbst sucht, wird sich verlieren. Wer sich aber um meinetwillen verliert, wird sich finden." In diesem Satz Jesu ist auch gesagt, worum es geht: Es geht darum, sich dem Willen Gottes zu überlassen, die angstbesetzte Sorge um das eigene Leben aufzugeben, sich zurückzunehmen und auf Abstand zu sich selber zu gehen. Das ist ein Weg gegen die verhängnisvolle Selbstvergöttlichung des Menschen, der glaubt, alles aus sich selber schaffen zu können. So verstanden ist Gehorsam ein starkes spirituelles Zeichen. Seine Frucht ist echte Autonomie.

Es sträubt sich in mir freilich alles, wenn ich das Gefühl habe: Es wird unter dem Mantel einer Tugend des Gehorsams die Untugend der Unfreiheit gefördert. Wenn Gehorsam heißt, das Denken einzustellen, dann ist dem Autoritären Tür und Tor geöffnet. Dann sind letztlich nicht reife Persönlichkeiten, sondern infantile Angst und Gedankenlosigkeit das Ergebnis.

Züge des Autoritären können auch das Selbstverständnis von religiösen Gruppierungen infizieren. Da wird jeder Zweifel am Vorgesetzten schon zur Sünde. Da werden offenkundige Fakten einfach übersehen, weil sie nicht ins Wahrnehmungsraster passen. Das Motto ist: Über einen Oberen denkt man nicht schlecht. Wenn eine Frage hochkommt, die etwas in Frage hätte stellen können, wird die innerlich schon abgewürgt – aus Gewöhnung an die Mentalität der Unterwerfung. Unfreiheit ist zur Haltung geworden.

Missachtung der Gemeinschaft

Das Denken in den Kategorien von Herr und Knecht, in der Gegenübersetzung von Machthaber und Befehlsempfänger, von oben und unten, entspricht nicht christlichem Freiheitsdenken. „Lasst euch nicht unter einem Joch der Knechtschaft halten", heißt es im Galaterbrief. Das hat Konsequenzen für alle Lebensbereiche, auch für die Kirche. Wenn Dinge über die Köpfe von Menschen und ganzen Gemeinden bürokratisch so entschieden werden, dass sich darin nicht nur Missachtung, sondern Verachtung zeigt, dann ist es auch in der Kirche wichtig, sich zu wehren. Nicht immer ist es so. Aber es soll vorgekommen sein: Wenn Priestern, die ihre Berufung ernst nehmen, immer mehr aufgebürdet wird und auf den Protest „Was ist denn, wenn ich dann tot zusammenbreche?" von einem geistlichen Vorgesetzten geantwortet wird: „Dann komme ich auf Ihre Beerdigung", dann ist sicher das Maß des Zumutbaren überschritten.

Nicht jeder kann sich vielleicht die Freiheit nehmen, sich zu wehren. Aber unter autoritären Bedingungen der Machtausübung ist dieser Mut zur Freiheit wichtig, in der Kirche genauso wie in der Gesellschaft.

Es gibt noch viel zu tun

Der Geist des Widerstehens ist nicht das, was in der Kirche von vorneherein positiv gesehen oder traditionell eingeübt wird. Dass der kirchliche Widerstand im Dritten Reich nicht stärker war, hängt auch mit dieser Mentalität zusammen. Eine Historikerin war von der Deutschen Ordensoberen-Konferenz gebeten worden, das Verhalten dieses Zusammenschlusses, der Superiorenkonferenz, in der Zeit des Nationalsozialismus zu untersuchen. Es zeigte sich, dass diese Konferenz dem Vorsitzenden der Bischofskonferenz, Kardinal Bertram, vorgeschlagen hatte, einen Brief auch zum Schutz der Juden zu verfassen. Der hatte das abgelehnt unter Verweis auf die Situation in Holland, wo sich die Lage der Juden nach einem kirchlichen Protest verschlimmert hatte. Als ich bei der Vorstellung dieser Untersuchung mit dem damals amtierenden Vorsitzenden und dieser Wissenschaftlerin zusammenstand, sagte ich: „Der konnte nicht anders, auch die anderen nicht. Die haben doch nie eingeübt, was Zivilcourage ist. Sie sind doch immer angehalten worden zu kuschen. Und das wurde dazu noch theologisch als verdienstvoller und hochheiliger Gehorsam verbrämt." Die Reaktion der Forscherin: „Das stimmt. Aber das kann man doch nicht sagen!"

Da merkt man, wie es nicht selten läuft. Es ist doch nicht böswillig, wenn man auf Zusammenhänge hinweist, die endlich aufhören sollten. Wer einen Missstand markiert oder aufdeckt, der tut der Liebe zur Kirche doch keinen Abbruch. Im Gegenteil.

Es gibt noch viel zu tun.

Mein Ich

Als ich bei uns in St. Ottilien das Gymnasium besuchte, gab es in der zwölften Klasse eine Schulaufgabe. Wir sollten einen Aufsatz zum Thema schreiben: „Mein Ich." Ein Klassenkollege hat auf ein Blatt geschrieben: „Wer mich über mein Ich ausfragt, ist für mich kein Mensch." Und hat es so abgegeben. Die Reaktion war Betroffenheit des Lehrers, der zugab: „Eigentlich hat er Recht gehabt."

Zu der Haltung meines Klassenkollegen gehört zweifellos Mut.

Er war ein Charakterkopf, der immer wieder aneckte und sich nichts gefallen ließ. Freilich bekam er auch immer wieder Probleme im Leben. „Weil er nicht den Geist des Gehorsams hat", konnte er nicht in den Orden gehen. Er wurde Weltpriester. Später wurde er von seinem Bischof wegen seiner Direktheit an eine Berufsschule versetzt. Da allerdings hat er segensreich gewirkt. Auch den rebellischen Schülern hat er Widerstand geleistet, und die haben das als sehr wohltuend erfahren. Es hat ihnen zumindest gut getan.

Frauen in der Kirche

Wir hatten vor einigen Jahren das Treffen der Vertreterinnen aller Benediktinerinnen aus der ganzen Welt. Vertreterinnen der Jungen haben wir eigens eingeladen. Und die haben gezeigt, wie eine solche Versammlung im Jahr 3009 aussehen wird. Da zog also eine Päpstin Johanna ein, und es gab eine weibliche Kurie und dergleichen mehr. Ich habe dann dazwischengerufen: „Ich möchte aber Gleichberechtigung!"

Im Ernst: Ich glaube, wir können schwer voraussehen, wie sich die Zukunft der Frauen in der Kirche konkret ausgestalten wird. Bei uns im Orden haben jedenfalls die Frauen eine eigene Koordinatorin. Sie können selber etwas aufbauen, nicht eine neuerliche Organisationsform, aber doch eine Form, die ermöglicht, dass sie miteinander ihre Spiritualität leben können.

Es geht um Teilhabe.
Auch Teilhabe ist eine Form gelebter Freiheit.

Nach der Missbrauchskrise

Viele treten heute aus der Kirche aus. Die Gottesdienste werden immer leerer. Es ist richtig: Unsere Kirche ist in der Krise. Gerade nach der Erfahrung der Missbrauchsfälle in den Kirchen ist das offenkundig geworden. Aber darin liegt auch eine Chance: Die Krise der Institution und der Organisation führt vielleicht dazu, dass der Glaube selber wieder stärker in den Blick gerät.

Seit Mitte der 90er Jahre habe ich mit Opfern Gespräche geführt. Gerade weil die Gespräche so hart waren, weiß ich, was Vergebung bedeuten kann. Vergebung ist gelebter Glaube. Der Glaube ist ja nicht eine Abfolge vorformulierter Katechismuswahrheiten.

Luther hat gesagt, in der Tradition von Augustinus: Die Kirche ist heilig und zugleich Sünderin. Bei den Missbrauchsfällen haben wir massiv gespürt, was Sünde ist. Und auch als Kirche fühlen und spüren wir da eine Kollektivschuld und Kollektivscham. Wir müssen als Kirchenverantwortliche die Schuld übernehmen, um Entschuldigung bitten, für Entschädigung sorgen, vor allem aber den Opfern beistehen, nicht zuletzt Vorkehrungen in der Auswahl der Kandidaten, in ihrer Ausbildung und in der Begleitung der Priester treffen, um derartige Vorfälle schon im Ansatz zu verhindern.
Vielleicht kann die Verstrickung in Schuld so, indem der Zusammenhang von Sünde und Vergebung wieder entdeckt wird, zu einer neuen Freiheit des Glaubens führen.

Wir haben nicht mehr viel Zeit – oder vielleicht doch?

Wenn man sich die Zahlen ansieht, stellt man fest: Die praktizierenden Christen werden deutlich weniger, wenn man von Ländern wie Irland oder Polen absieht. Wird nicht mehr nachgefragt, was die Kirchen anbieten? Woran liegt das? Ich glaube, eine pauschale Antwort gibt es nicht, es ist in allen Ländern verschieden. In Frankreich und den USA passiert etwa heute viel von unten, an der Basis. In Spanien hat die fortschreitende Kirchendistanz wieder andere Gründe, weil die Kirche zu sehr auf der Seite von Franco, also auf der Seite der Unfreiheit war. Den Prozess der Entfremdung in Deutschland habe ich bereits seit den 60er Jahren festgestellt. Ich denke, das hängt damit zusammen, dass Kirche bei uns zu sehr als Institution gesehen wird. Als ich in Italien einen Generalvikar fragte, ob hier auch so viele Katholiken aus der Kirche austreten, verstand er zunächst die Frage nicht und war ganz perplex: Wenn man getauft ist, ist man doch für immer getauft und gehört für immer der Kirche an. Hier hat die Kirche andere Strukturen, sie erscheint nicht als eine feste Institution. Die Menschen müssen wissen: Wenn sie Hoffnung und Trost brauchen, finden sie in der Kirche jemand, einen Pfarrer oder einen anderen Menschen, mit dem sie sprechen können, der ihnen hilft.

In den Klöstern erleben wir einen großen Zustrom gerade von jungen Menschen bei Aktionen, die wir machen oder bei bestimmten Gottesdiensten. Das hängt damit zusammen, dass wir ein kleiner überschaubarer Bereich sind. Die Menschen sind nicht mehr anonymisiert in einer riesigen Organisation.

In diesem Sinn müssen wir in der Kirche den Mut und die Freiheit haben, neue Wege zu gehen. Ein Regionalbischof hat mir kürzlich gesagt: „Ja, wir brauchen mehr Pastoral, wir sind dabei, neue Strukturen zu machen." Ich habe gesagt: „Vergessen Sie Strukturen, die haben noch nie Leben erzeugt. Was wir brauchen, ist das Gespräch von Mensch zu Mensch, völlig unkompliziert." Dann haben wir uns eine Zeitlang unterhalten. Am Ende sagte er: „Bei Ihnen scheint das ja wirklich unkompliziert zu gehen." Daraufhin meinte ich: „Ich habe weder Zeit noch Geld, um kompliziert zu sein." Ich glaube, darin liegt auch die zukünftige Chance der Kirche. Wir haben nicht mehr viel Zeit. Und das Geld wird auch weniger werden.

Aber wir werden vielleicht viel Zeit haben, gerade für Menschen, wenn wir ärmer sind. Und wenn wir arm sind, werden wir die finanziellen Unterstützungen wieder als Geschenke erfahren und dankbar gegenüber unseren Geldgebern sein. Sollte die Kirche nicht auch einmal den Kirchensteuerzahlern danken?

Religion wird immer mehr eine Sache der Freiwilligkeit und der Freiheit. Das Volkschristentum wandelt sich zu einer individuellen Religion. „Man" glaubt nicht mehr, sondern: „Ich glaube". Darin liegt eine große Chance für die Erneuerung der Kirche.

4. Was
die Gesellschaft
braucht

Freiheit und Sicherheit

„Keine Experimente", das war die Devise, mit der Konrad Adenauer in den 50er Jahren Wahlen gewann. Die Deutschen hatten durch Krieg und Zusammenbruch existentielle Gefährdung erfahren und sie waren nicht bereit, neu erreichte Sicherheit und neuen Wohlstand aufs Spiel zu setzen. Die Geschichte zeigt aber auch immer wieder: Übermäßiges Sicherheitsbedürfnis kann lähmen und zu geistiger Immobilität führen. Wer Neues erreichen will, muss innovativ und mutig sein. Nur wer sich ändert, bleibt sich treu. Und wenn etwas bestehen bleiben soll, muss es sich auch wandeln. Und nur wer etwas wagt, kann – so das Sprichwort und eine alte Lebensweisheit – auch etwas gewinnen.

Der heilige Benedikt sagt: „Wenn Entscheidungen in wichtigen Fragen anstehen, soll der Abt alle zusammenrufen." „Ich sage bewusst alle", schreibt er weiter, weil Gott oft den Jüngeren eingibt, was das Bessere ist." Man soll also nicht nur die Erfahrenen und die aus langer Lebenserfahrung vorsichtigen Alten hören, sondern auch junge Menschen, die risikofreudiger sind und neue Ideen haben.

Eine Gemeinschaft, aber auch eine Gesellschaft braucht daher eine gute Mischung aus Erfahrung und Neugier, aus Sicherheitsdenken und Risikobereitschaft, um Kontinuität und Entwicklung gleichermaßen zu gewährleisten. Das gilt in Unternehmen wie in der Politik, an Universitäten wie in der Kirche. Deshalb ist es immer gefährlich, wenn eine Gerontokratie herrscht und alte Autoritäten ihre

Macht zementieren wollen. Der greise Mubarak und die Jugendlichen auf dem Tahirplatz in Kairo, das ist ein Bild, das sich eingeprägt hat. Aber auch die Revolutionen in den arabischen Ländern, in denen die Jugendlichen gegen die alten Herrscher auf die Straße gingen und scheinbar fest etablierte Regime hinwegfegten. Es ist klar, wem die Zukunft gehört.

Sehnsucht nach Unterwürfigkeit

In Deutschland hat das Tradition: Der deutsche Mensch vertraut dem Staat und misstraut dem Markt. Es gibt eine Sehnsucht nach Unterwürfigkeit. Dahinter steht die Sehnsucht nach Sicherheit. Es gibt das Gefühl von Sicherheit, wenn Väterchen Staat für uns sorgt.

Aber das ist so langweilig wie noch was. Man muss erst einmal spüren, wie lebendig es macht, etwas zu unternehmen, selbstständig zu agieren, den unternehmerischen Geist zu entfalten. Das kann man den Menschen nicht abstrakt oder ideell beibringen. Das müssen sie erfahren.

In anderen Ländern ist das anders. Denken wir an mein geliebtes Italien. Romano Prodi hat den Italienern versprochen, ein paar Tage vor der Wahl: „Ich bringe euch das Glück." Meine Reaktion: „Lass mich das allein machen. Mein Glück geht dich nichts an. Mach eine ordentliche Politik. Bring die Wirtschaft in Schwung, aber lass mir mein privates Leben." Ich will jetzt nicht die Staatsskepsis der Italiener rühmen, die der Meinung sind, dass Politik sowieso ein schmutziges Geschäft ist. Aber etwas überzeichnet formuliert: Die Italiener nehmen die Politik nicht so ernst. Sie nehmen sie mit Distanz und idealisieren sie nicht. Bei uns muss man die Politiker auf den Altar stellen und anbeten.

Wir müssen in jungen Menschen auch hierzulande wieder
stärker diese Aktivität fördern, diesen Unternehmergeist,

diese Eigenverantwortung, die ja dann auch zur Lebensfreude führt. Schon einem kleinen Kind macht es ja mehr Freude, in die Pfütze hineinzutreten, als von jemand anderem hineingestoßen zu werden. Erfreulicherweise gibt es immer mehr junge Menschen, die das Wagnis eingehen und ein Unternehmen gründen. Sie gilt es zu fördern.

Staatlich bevormundet

Wir neigen leider dazu, unsere Freiheit abzugeben. Wir unterliegen der Sehnsucht, dass der Staat alle Probleme für uns löst. Sie wurde schon in der Kaiserzeit erzeugt. Hier begann das Beamtentum, die Bürger zu bevormunden, woraus die Anspruchshaltung entsprang. Wir halten Gerechtigkeit und Gleichheit nicht mehr auseinander. Das Land befindet sich unter der Vormundschaft tugendbeflissener Politiker, die der Chimäre der sozialen Gerechtigkeit nachjagen. Diese Politiker verkaufen uns den Staat als Beglückungsanstalt, weil wir sie überfordern. Wir zwingen sie dazu, das Unmögliche zu versuchen.

Entlassen wir doch den Staat endlich aus der Verantwortung für unser Lebensglück. Die gehört in unsere eigenen Hände. Es reicht, wenn der Staat da einspringt, wo wirklich Not ist. Es gibt kein Menschenrecht auf ein bequemes Leben und vier Wochen Urlaub. Und machen wir Schluss mit den zentralistischen Bestrebungen, allen per Gesetz zum Glück zu verhelfen. Regierende müssen die moralische Kompetenz zeigen, die Grundzüge der humanen Gesellschaft zu wahren, die durch neue Technik und wirtschaftliches Kalkül bedroht ist.

Es gibt nun einmal gute Zeiten und weniger gute Zeiten. So ist das Leben. Es gibt kein Grundrecht auf Wohlstand, so wie wir ihn seit Jahrzehnten gewohnt sind. Allen gleiche Startchancen zu geben ist richtig, aber wir müssen Schluss machen mit der Gleichheitsideologie. Menschen sind nun einmal verschieden. Wenn ich dem einen heute 100 Euro gebe, hat er morgen 200 Euro daraus gemacht. Der andere hat das Geld komplett in der Kneipe gelassen. Und ich werde ihn daran nicht mit Gewalt hindern können. Der unaufhaltsame Ausbau des Sozialstaats ist das beste Beispiel dafür, wie man sich aus Gerechtigkeitsfanatismus sein eigenes Gefängnis bauen kann.

Verrat an der Freiheit

Andere Länder beneiden uns um unseren Wohlstand. Aber damit es nicht abwärtsgeht, müssen vor allem die jungen Menschen zu einem selbstverantwortlichen Leben herausgefordert werden. Dazu braucht es vor allem den Mut zur Erziehung, der seit der 68er Generation abhanden gekommen ist. Sie haben das damals als Freiheit bezeichnet, aber es war der Verrat an der Freiheit. Denn Freiheit bedeutet Verantwortung, sein Leben selbst in die Hand zu nehmen und nicht alles auf die anderen zu schieben.

Freiheit bezieht sich aber immer auch positiv auf den anderen, mit dessen eigener Freiheit ich zu Rande kommen muss. Das ist mein Vorwurf gegen manche 68er: Sie haben Freiheit eingefordert für sich, aber diese Freiheit den anderen nicht zugestanden.

Es wäre im Übrigen ein Irrglaube zu meinen, die Moderne sei eine fortlaufende Geschichte der Freiheit gewesen. Nicht nur ein Blick zurück auf die totalitären Bewegungen zeigt das. Wir können nur noch an unsere eigenen Möglichkeiten glauben. Früher haben sich die Menschen auch auf Gott verlassen. Ein solches Vertrauen befreit. Wenn das nicht mehr trägt, wenn die Religion wegbricht und von Staatswegen auch noch alles getan wird, um dem durch symbolische Akte nachzuhelfen und Ausdruck zu verleihen, so dass jetzt auch noch die Kreuze aus den Klassenzimmern entfernt werden: kein Wunder, dass das auf unterirdischen Kanälen das Grundvertrauen unterminiert und dass die Ängste grassieren.

Lohn der Angst

Es gibt viel zu viele Duckmäuser in unserer Gesellschaft. Wir brauchen mutige Menschen, die etwas unternehmen, etwas anpacken, auf andere zugehen. Wenn ich frei bin zu sagen, was ich denke, geht es mir besser – und allen anderen auch. Es lohnt sich, querzudenken. Die Wahrheit zu sagen, da wo sie unbequem ist – das ist das Entscheidende. Nur das bringt uns weiter. Zu einem gelungenen Leben gehört es, die Angst zu überwinden.

Und der Lohn der Angst: der Wahrheit zum Recht verholfen, das Rechte getan zu haben. „Ich bin glücklich, wenn ich mich traue, anderen meine Meinung offen ins Gesicht zu sagen. Ich finde, dass die Welt viel zu verkniffen ist. Alle kümmern sich um die öffentliche Meinung und nicht um ihre eigene." Ein junger Gymnasiast hat das gesagt. Er hat recht.

Wenn ich jemandem gegenüber meine Meinung vertrete, der vielleicht mehr Macht oder Kraft hat als ich, dann mache ich eine befreiende Erfahrung. Ich überwinde meine Angst vor der Autorität, vor der Mehrheit, vor der Masse. Es macht frei und stärkt das eigene Selbst, sich gegen das, was alle meinen und sagen, zu stellen. Es ist ein gutes Gefühl: dass eine wichtige Wahrheit nicht untergegangen ist, dass eine Wahrheit einfach Bestand gehabt hat, auch wenn sie nicht anerkannt wird. In meiner Freiheit habe ich bewirkt, dass sich etwas zum Guten ändert. Das ist Glück.

Nicht nur mitlaufen

Die Freiheit, nach der Wahrheit zu suchen, und die Freiheit, das als wahr Erkannte auch deutlich zu sagen, die dürfen wir uns nicht nehmen oder ausreden lassen. Das Schilfrohr im Wind, gebeugt und hin und her bewegt im instabilen Kraftfeld des „Zeitgeistes", das ist kein Idealbild christlicher Haltung. Das bedeutet freilich auch nicht, dass Starrheit gefordert wäre oder mangelnde Flexibilität, sondern Sicherheit und feste Verwurzelung im Glauben. Sich gegen das zu stemmen, was gerade aktuell und en vogue ist, und gegen den Mainstream anzuschwimmen ist unbequem, aber Bequemlichkeit ist nicht der Wert, nach dem wir uns richten sollten. Es reizt mich sogar, gegen diesen Mainstream, der alles in seinen Sog zu ziehen versucht, anzukämpfen. Auch die Medien sind nicht immer ein Hort der freien Meinung, auch wenn sie sich selber dazu stilisieren – und es natürlich auch sein sollten. Auch sie sind von Moden, von Anpassung an den Zeitgeist und vom Gehorsam gegenüber dem Mainstream infiziert oder produzieren selber Mainstreams. Die Frage nach der Wahrheit kann aber nicht gedämpft oder gar zum Schweigen gebracht werden dadurch, dass eine Mehrheit in die falsche Richtung läuft. Man gewinnt die Richtung nicht dadurch, dass man mit anderen einfach mitläuft, womöglich immer schneller. Sondern nur dadurch, dass man innehält und sich am Kompass orientiert.

Freiheit und Klarheit der Rede

Die Freiheit der Rede sollte man nicht nur in der Kirche, sondern auch in der Gesellschaft einfordern. Übrigens auch in der Politik. Ich habe die politische Korrektheit in Gesellschaft und Politik einmal als „große Vernebelungsaktion" und ein „Programm zur moralischen Versklavung" bezeichnet – und dafür auch Kritik geerntet. Was meine ich damit?

Man darf, so scheint es, nicht mehr denken und vermeidet klare unmissverständliche Aussagen, weil man niemandem wehtun möchte. Ich kann heute ja nicht mal mehr von Ausländern sprechen. Ist „Ausländer" zu einem diskriminierenden Schimpfwort geworden? Stattdessen ist stereotyp von „Menschen mit Migrationshintergrund" die Rede – das ist doch ein Unwort, eine Verballhornung der deutschen Sprache.

Darf ich denn die Dinge nicht mehr beim Namen nennen? Ich selber bin in Italien auch ein Ausländer und nicht „ein Mensch mit Migrationshintergrund". Wo kommen wir hin, wenn hinter sprachlicher Überlieferung überall Diskriminierung gewittert wird und wir deshalb unsere schöne Sprache über Bord werfen! Natürlich gibt es einen Unterschied zwischen Mitbürgern, die aus dem Ausland stammen und eingebürgert sind und solchen, die über eine Aufenthaltsgenehmigung verfügen, aber weiterhin ihrem Ursprungsland zugehören. Warum brauchen wir aber dann bei den ersteren den Zusatz „mit Migrationshintergrund"? 111

Vernebelungaktionen

„Die Sünde hassen, die Sünder lieben", so lautet ein schönes Wort Benedikts. Ich muss auch nicht politisch korrekt sprechen oder handeln. Übrigens: Niemand muss das, Ehrlichkeit ist viel wichtiger. Mich stört an der political correctness vor allem, dass sie alle unter Generalverdacht stellt, fremden- oder frauenfeindlich zu sein. Political correctness ist eine große Vernebelungsaktion, ein Programm zur moralischen Versklavung. Sie ist von Misstrauen durchsetzt und sät Misstrauen, erzeugt schließlich ein Klima von Befangenheit, in dem keiner mehr wagt, etwas zu sagen, weil es ja missverstanden werden könnte. Aussagen zur Sache werden unter dem Vorbehalt der Moral gemacht. Aber Wahrheitsliebe ist wichtiger als eine so verstandene Moral.

Politiker neigen dazu, Dinge zu vernebeln. Wolfgang Schäuble hatte möglicherweise eine Bemerkung von Orwell im Hinterkopf, als er sich darüber beklagte, dass Politiker gerne zwei mal zwei vierzig sein lassen wollen. George Orwell sagt nämlich: „Freiheit ist die Freiheit zu sagen, dass zwei und zwei gleich vier ist. Sobald das gewährleistet ist, ergibt sich alles andere von selbst."

In der Tat: Die Sprache verrät uns. In der deutschen Ausländerpolitik begehen wir doch den gleichen Fehler wie viele europäische Nationen in den letzten Jahrzehnten: auf multikulti zu machen und so zu tun, als würden bei uns 112 nicht ganz verschiedene Lebenswelten aufeinander prallen. Wir versuchen, sprachlich zu verschleiern, was uns unterscheidet, übergehen die Fremdheit des anderen mit schamhaftem Schweigen. Doch wer Unterschiede leugnet, macht sie dadurch erst zum Stein des Anstoßes. Ein Frieden, der erkauft wird, indem sich alle blind und taub stellen, ist ein fauler Frieden.

Multikulti

Während meiner Studienzeit haben auch wir Benedikti-ner uns in „Multikulti" versucht. Wir hatten keine ge-meinsame Sprache im Kloster S. Anselmo. Latein war die Sprache der Vorlesungen, nicht aber des Alltags. Deshalb saßen die Menschen aus aller Herren Länder in Grüpp-chen an Tischen, es gab keine Integration und jede Menge Arroganz. Wenn heute dagegen ein Koreaner im Speise-saal auf einen Afrikaner trifft, reden sie miteinander. Der Grund: Wir haben Italienisch als Verkehrssprache einge-führt. Jeder Mönch, der zu uns kommt, muss vor seinem Studium zwei Monate Italienisch pauken. Weil wir in Italien sind. Ich habe die ebenso heftige wie dumme Dis-kussion in Deutschland nie verstanden, die über die Frage entbrannte, ob Ausländer Deutsch können sollten. Selbst-verständlich, die Sprache ist das wichtigste Integrations-glied.

Und neben der Sprache sind es wieder die Werte: Für alle Menschen, die in Deutschland leben, gilt nur eines: das Grundgesetz. Dort ist die Würde des Menschen festge-schrieben. Daran müssen sich alle halten. Wer sich nicht daran hält, muss bestraft werden, dafür brauchen wir kein Antidiskriminierungs- oder Gleichbehandlungsgesetz. Achtung und Respekt sind die wahren Werte im Umgang mit Menschen – und sie gelten für alle, unabhängig von ihrer Herkunft, sexuellen Orientierung oder Religionszu-gehörigkeit.

Fesseln durchschneiden

In einer Gesprächsrunde im Fernsehen traf ich mit Michael Buback, dem Sohn des von der RAF getöteten Generalstaatsanwalts Siegfried Buback, zusammen. Es war die Zeit der heißen Debatte, wie man mit den inzwischen hinter Gittern in die Jahre gekommenen Terroristen umgehen sollte. Sollte man sie begnadigen und sie in eine Freiheit entlassen, in der vielleicht noch einmal ein Neuanfang möglich war? Oder sollte man sie lebenslang im Gefängnis eingesperrt lassen? Michael Buback hatte sich mit großem emotionalen Engagement gegen eine Begnadigung von Christian Klar ausgesprochen, weil er nicht um Vergebung gebeten und auch nicht gestanden hatte, wer unter seinen Komplizen der Todesschütze war. Ich sagte ihm: „Vergeben heißt nicht bagatellisieren. Aber Gnade ist bedingungslos. Es ist nicht das große Opfer. Im Gegenteil: Sie selber werden weiterhin das Opfer bleiben – unabhängig, ob die Täter von damals zu dumm oder zu böse sind, um angemessen zu reagieren. Wenn Sie aber vergeben, schneiden Sie die Fessel durch, mit denen die RAF Sie noch gefangen hält."

Natürlich braucht es dazu Kraft und Mut. Gnade schafft neue Freiheit – auch für den, der nicht auf „Recht und Gerechtigkeit" besteht.

Die Mehrheit der Bevölkerung hatte damals kein Verständnis für eine solche Option. Die Mehrheit der Bevölkerung, 85 Prozent, hatten sich in einer Umfrage gegen die Begnadigung ausgesprochen.

Nach der Sendung schrieb mir, dem katholischen Mönch, ein evangelischer Geistlicher: „Wenn Luther Sie gehört hätte, hätten wir keine Kirchenspaltung." Ich vermute, dass das etwas übertrieben war. Aber sicher ist: Es gehört zum Evangelium, dass es nicht mit unserer moral correctness in eins geht.

Gerade deswegen ist es ein Weg in die Freiheit.

Was uns bevorsteht

Was uns bevorsteht, ist nicht der „Krieg der Religionen". Wohl aber Kollision der Kulturen. Jede Religion trägt ein kriegerisches Potential in sich, weil sie die Wahrheit für sich beansprucht und in die Welt tragen will. Die katholische Kirche hat die Aufklärung und das Zweite Vatikanische Konzil gebraucht, um neben der eigenen Wahrheit die Religionsfreiheit und die eigene Gewaltgeschichte anzuerkennen. Andere Religionen sind noch lange nicht so weit. Der Hinduismus galt lange Zeit als Friedensreligion. Wie es in Indien zugeht, sehen wir heute, wo terroristische, religiös motivierte Blutbäder immer wieder das Land erschüttern. Der Buddhismus ist mit Gewalt in Japan eingeführt worden und hat schließlich auch die Kamikazekrieger hervorgebracht. Ganz zu schweigen von den Verbrechen im Namen des Islam.

Der Islam ist die Weltreligion, die uns am nächsten rückt. Die Zukunft ist offen. Aber mir scheint es wichtig, auch Folgendes zu bedenken: Für den Durchschnittsmoslem ist Politik und Religion dasselbe. Diese beiden Bereiche zu trennen, wie wir es aufgrund geschichtlicher Erfahrung tun, ist für viele fromme Moslems Blasphemie. Der Wille, sich durchzusetzen, liegt da nicht fern. Der Islam ist nach meiner Beobachtung vor allem stark politisch motiviert. Die Internationale Islamkonferenz hat sich immer wieder die weltweite Islamisierung zum Ziel gesetzt. Wir dürfen nicht den Fehler begehen, unser aufgeklärtes Religionsverständnis auf den Islam zu übertragen.

Am Islam schätze ich vor allem, dass die Menschen ihren Glauben ernst nehmen. Vielleicht hat ihn Gott uns Christen ja auch deshalb geschickt – gewissermaßen als Provokation, um unseren verwalteten Glauben, der ja keine Katze hinter dem Ofen hervorlockt, wieder lebendig werden zu lassen.

Wir halten den interreligiösen Dialog in der Regel für eine Sache des Intellekts. Dabei ist das mindestens ebenso sehr eine existenzielle Sache des Miteinanderauskommens und des Miteinanderredenkönnens. Erst wenn die Menschen unterschiedlichen Glaubens an der Basis anfangen, wirklich miteinander zu leben, wird sich im Zusammenleben der Religionen etwas bewegen. Es nützt wenig, wenn Theologen diesen Dialog führen, der doch aber an den Menschen völlig vorbeigeht. Wir müssen als Menschen zusammenkommen.

In Indien lebten vor dem Aufkommen des hinduistischen Fundamentalismus die Menschen verschiedenster Religionen Tür an Tür, der Muslim, der Hindu, der Christ, der Sikh. Warum soll das nicht wieder möglich sein? Und warum soll ein solch menschliches Miteinander nicht auch bei uns die Fremdheit vermindern? Warum soll ich den Moslem nicht zu Weihnachten einladen? Oder warum nicht den muslimischen Nachbarn während des Ramadan besuchen? Dann sieht der Moslem, dass ich ihn als religiösen Menschen schätze, und er erfährt, dass auch wir Christen gottesfürchtige Menschen sind. Und diese Erfahrung wird uns einander näherbringen.

5. Die Welt
der Arbeit und
der Wirtschaft

Moralischer Stolz

Topmanagern scheint heute die Fähigkeit abhanden gekommen zu sein, das rechte Maß zu finden. Vielen fehlt die Distanz zu sich selbst, um Maß zu halten. Die Manager lassen sich von der Wirtschaft und vom internationalen Wettbewerb treiben, nicht zuletzt auch von den Aktionären.

Irgendwann muss einer doch genug haben, um sorgenfrei leben zu können. Ein Topmanager braucht auch keine Gehaltssteigerung von 30 Prozent.

Aber wer hat, will meist noch mehr haben. Und es ist sehr schwer, das zu ändern. Das muss schon früh anfangen, indem wir junge Menschen zur Genügsamkeit erziehen. Dauerhaft wirksam ist Verhalten nur, das aus einer Lebenshaltung rührt, die von innen heraus kommt. Korruption lässt sich durch Gesetze und Sanktionen zwar eingrenzen, aber nicht aus der Welt schaffen. Da muss sich in der grundsätzlichen Einstellung etwas ändern. Und dafür muss man schon früh die Grundlagen schaffen.

Wir brauchen Menschen, die aus sozialer Verantwortung handeln. Denn es hat für eine ganze Gesellschaft verheerende Folgen, dass Verantwortung kaum mehr wichtig zu sein scheint. Die so genannten Eliten sollten Vorbilder für alle sein. Wenn sie durch ihr Beispiel allen sichtbar Ehrlichkeit und Bescheidenheit in Frage stellen, hat das Auswirkungen. Es führt letztlich zum totalen Egoismus und zur Verwahrlosung und Brutalisierung unserer Gesellschaft. Moral lässt sich nicht gesetzlich verordnen. Wenn die Menschen keinen moralischen Stolz mehr haben, nützen auch die schärfsten Gesetze nicht viel. Stolz in diesem Sinn bezieht sich keineswegs nur auf Status, Karriere, Konsum, Macht und Einfluss. Wer moralischen Stolz hat, kann auch auf unsaubere Gewinne verzichten. Und wer das tut, ist ein Gewinn für das Ganze.

Das moralische Versagen gieriger Wirtschaftsbosse verträgt sich übrigens bestens mit der Freiheitsvorstellung der 68er. Freiheit, die nirgendwo verankert ist, weder im Verantwortungsbewusstsein noch im Gewissen, noch in der Scham, kann keine Grundlage für eine wirklich freie Gesellschaft sein. Im Gegenteil: Sie ist deren Ruin.

Ohne Maß und Mitte

Moral in der Wirtschaft heißt für mich nichts Abstraktes: Es geht nicht so sehr um eine Ethik der Wirtschaft, sondern um ethisches Verhalten der Menschen, die in der Wirtschaft als Akteure und Verantwortliche tätig sind. In der Finanzkrise gab es zwar auch fachliches Versagen, es gab Risikoignoranz und Missmanagement. Aber in erster Linie war es nicht eine Krise des Fachwissens, da haben Menschen versagt: Der Goldmann-Sachs-Chef Lloyd Blankfein wurde mit dem Ausspruch zitiert, er vollziehe „Gottes Werk". Diese Manager haben in ihrer Bereicherungsmentalität Maß und Mitte verloren, haben sich selbst überschätzt und in ihrer Arroganz jeglichen Kontakt zur sozialen Wirklichkeit vermissen lassen.

Gier ist mehr als Antrieb, der zu Leistungen und zu Gewinnen anspornt. Geldgier ist für mich Sucht. Das ist der Grund, wieso ich sage: Wer der Geldgier verfallen ist, den müsste man im Prinzip wie einen Alkoholiker auf Entzug setzen. Und ihm – zumindest für eine bestimmte Zeit – einfach das Geld wegnehmen.

Wie bekommt man nun ethisch denkende Manager? Indem ich schon die Kinder ordentlich erziehe. Wir verfallen in der Moral dem Darwinismus und meinen, wir werden immer besser, und wundern uns dann, wenn es daneben geht. Ich denke: Jeder Mensch muss selber lernen, sozial zu denken und verantwortlich zu leben und zu handeln. Das lernt er im Elternhaus oder in der Schule.

Wir können als Erwachsene nicht sagen, ich kann tun und lassen, was ich mag. Erwachsene haben Vorbildfunktion. Ob man dazu Gott braucht? So fragen manche.

Meine Überzeugung: Natürlich wäre es naiv zu meinen, ein Manager müsste keinen Gewinn machen. Dann ist er nämlich nach kurzer Zeit weg vom Fenster. Und natürlich können auch Christen am Willen Gottes vorbei leben. Wenn sie ihre Arbeit aber professionell gut machen und bewusst in der Verantwortung vor Gott gestalten, werden sie gute Manager sein. Ein guter Manager zeichnet sich u.a. dadurch aus, dass er die anderen Menschen berücksichtigt, die Mitarbeiter, ihre Familien und das Gemeinwohl, und nicht alles dem Gewinn unterwirft und dabei über Leichen geht.

Man muss nicht ein gläubiger Christ sein, um solide und seriös zu wirtschaften. Aber letzten Endes ist die Verankerung in Gott wichtig. Ich kann alle Menschen betrügen. Ich kann auch mich selber betrügen. Aber Gott kann ich dummerweise nicht betrügen. Dabei geht es nicht um die Strafe. Es geht auch nicht darum, nach dem Tod zur Verantwortung vor dem Richtergott gezogen zu werden. In einer wirklich personalen Beziehung kann ich nicht in die Lüge flüchten. Indem ich jetzt mit Gott und vor ihm lebe, fordert er mich heraus, ehrlich zu sein und mich meiner Wahrheit zu stellen.

Das Ganze im Auge

Auch Loslassen ist eine unternehmerische Tugend, die Freiheit und schöpferisches Handeln ermöglicht. Viele Unternehmen sind in die Brüche gegangen, weil die Vorstandsvorsitzenden an ihren Lieblingsideen hängengeblieben sind. Es gehört zur Natur des Menschen, dass er an dem festhält, was er einmal erarbeitet hat. Das ist aber Gift, denn es behindert die Fortentwicklung. Ich versuche, das den Managern auch im persönlichen Gespräch immer wieder klarzumachen. Sie müssen loslassen und nach vorne blicken. Sie müssen kreativ und innovativ bleiben und sie müssen bei all dem auch ihre Mitarbeiter dazu motivieren, mitzugehen, wenn es um die Bewältigung der Zukunft geht. Motivation und Freiheit gehören zusammen, wenn Kreativität und Verantwortung verlangt sind. Und was tun viele Manager stattdessen? Die meisten versuchen, den Status quo zu halten.

Das gilt für Unternehmer genauso wie für Gewerkschaften. Natürlich sollen sie sich um soziale Errungenschaften und die Durchsetzung sozialer Gerechtigkeit kümmern. Aber sie sollten schauen, um welche sozialen Errungenschaften es geht. Wenn die Wettbewerbssituation heute anders ist als vor zehn oder fünfzehn Jahren, dann können bestimmte Dinge nicht mehr beibehalten werden. Gewerkschaften sind notwendig, aber sie müssen flexibler werden und weiterdenken und sich öfter mit den Unternehmern treffen und reden. Gewerkschaften und Arbeitgeber sollten überhaupt mehr miteinander und weniger gegeneinander sein. Wenn ich eine Forderung als maßlos kritisiere, heißt das nicht, dass die Mitarbeiter nichts bekommen sollten. Wenn sich die Gewinnsituation in den Firmen bessert, müssen auch sie davon profitieren. Allerdings dürfen die Löhne nicht nach oben schießen. Ich kann nur sagen: Behaltet das Ganze im Auge, haltet Maß, damit es uns auf lange Sicht gut geht.

Maßhalten bei moralischen Forderungen

Es stimmt: Viele Spitzenkräfte der Wirtschaft haben das Maßhalten verlernt. Und es ist richtig: Kein Mensch braucht ein Jahresgehalt von mehreren Millionen Euro, um zu leben. Allerdings möchte ich auch vor Generalverurteilungen warnen. Unsere Gesellschaft neigt zu Ideologien. Wenn es beispielsweise heißt, es muss Energie gespart werden, dann wird das in Deutschland auf Teufel komm raus gemacht, dass man sich kaum noch traut, eine Glühbirne anzudrehen. Wenn es heißt: Wir müssen gesünder leben, dann wird gleich verlangt, dass alle Körner essen. Oder diese brutale Anti-Raucher-Kampagne, die ja nicht nur informiert, dass Rauchen ungesund ist, sondern Leute moralisch fertigmacht und sie als Ausgeburt der Menschheit hinstellt, wenn sie mal Lust auf eine Zigarette haben. Ich sage zu solchen Eiferern, auch wenn sie nicht sehr humorbegabt sind, gern ironisch: „Kommt zu uns ins Kloster. Dort darf man sündigen, denn es wird auch noch vergeben…" Was nun keinesfalls bedeutet, dass man verantwortungslos in den Tag leben sollte. Aber wir wissen doch, dass wir begrenzte und schwache Menschen sind. Deshalb würde ich mir beim Stichwort Maßhalten wünschen, dass dieses auch bei den moralischen Forderungen wieder entdeckt wird.

Motivation und Leistung

Ein rein gewinnorientiertes Management zerstört das Arbeitsklima, untergräbt die Motivation der Mitarbeiter und mindert deren Leistung. Zur Unternehmensmoral gehört freilich auch, für Aufträge zu sorgen, Jobs zu schaffen und in der Verantwortung für die Arbeitnehmer und ihre Familien möglichst keinen zu entlassen. Natürlich muss ein Unternehmen Gewinne machen. Sozial sein heißt aber nicht einfach: Geld austeilen. Das Geld muss ich erst einmal haben. Ich muss es erwirtschaften. Sozial ist, jemanden zu befähigen, dass er sich selber erhalten kann.

Es gibt Menschen, die sich selber nicht erhalten können – das kann mit ihrer persönlichen Geschichte oder mit ihren individuellen Möglichkeiten zusammenhängen. Bei Menschen mit einem schweren Handicap muss die ganze Gesellschaft dazu beitragen, dass sie mitgetragen werden. Es gibt aber auch Menschen, die sich daran gewöhnt haben, soziale Hilfen zu empfangen und das als bequeme Möglichkeit sehen, sich nicht selber anstrengen zu müssen. Meine Kritik an dieser Mentalität ist von Benedikt her inspiriert, der sein Kapitel über die Handarbeit mit den Worten beginnt „Müßiggang ist der Feind der Seele." (RB 48,1)

Am Sonntag sollen ja die Mönche nach alter Tradition frei sein für die geistliche Lesung. Wenn aber einer – etwa, weil er Analphabet ist – nicht lesen kann oder nicht lesen mag, weil er zu faul ist, dann soll ihm der Abt eine Arbeit auftragen, damit er nicht müßig geht. Da war also das Sonntagsgebot nicht mehr wichtig. Selbst Kranke sollen nach Benedikt eine leichte Arbeit verrichten, weil das Nichtstun den Menschen korrumpiert.

Die Arbeiter im Weinberg

Ist Gleichheit ein sozialpolitisches Grundgesetz? Und war nicht auch Jesus dafür? Jesus war ein Sozialist, sagen manche. Sie verweisen auf das Gleichnis von den Arbeitern im Weinberg, wo die Arbeiter, die am Nachmittag kamen, den gleichen Lohn bekamen wie die, die den ganzen Tag geschuftet hatten. Auf das Bedürfnis komme es an, nicht auf die Leistung – so werde das Gleichnis aufgelöst. Ist das nun Willkür? Oder Sozialismus?

Man kann aber die Gleichnisse Jesu nicht platt im Sinne von Gesellschaftslehren umsetzen und daraus für heute folgern, dass alle gleich zu behandeln wären. Jesus hat tatsächlich gesagt: Jeder soll bekommen, was er braucht. Er war sozial, aber kein Sozialist.

Wenn es dasselbe ist – dann ist es eben das Selbe. Benedikt greift übrigens in seiner Regel diese Vorstellung auf und sagt: Die Mönche sollen nicht alle das Selbe bekommen, sondern das, was sie brauchen. Und wer mehr hat, soll nicht auf den herabschauen, der weniger braucht. Und wer weniger hat, soll nicht neidisch sein.

Wer mehr braucht, der soll es bekommen – etwa, um seine Arbeit besser machen zu können. Wer schwere körperliche Arbeit verrichtet, braucht mehr und andere Nahrung als jemand, der nur am Schreibtisch sitzt. Oder einen Lehrer, der in der Klosterschule alte Kulturen und Sprachen lehrt, muss ich als Abt natürlich auch einmal nach Griechenland schicken. Hier wird also nicht dogmatische Gleichmacherei praktiziert, sondern die Individualität des Einzelnen ernst genommen. Das ist eine Grundlage von Freiheit.

Arbeit humanisiert

Arbeit humanisiert. Deswegen spielt sie bei Benedikt eine so große Rolle. Er sagt: Erst dann ist einer ein wahrer Mönch, wenn er von der eigenen Hände Arbeit lebt. Damit hat er der Handarbeit einen wirklichen Wert und eine humanisierende Würde gegeben, wie wir sie so nur im Abendland finden. Ansonsten war Handarbeit in den antiken Kulturen ja eine schmutzige, „knechtliche" Arbeit, die den Sklaven oder den Frauen vorbehalten war.

Ein großes Problem bei unserer Arbeitslosigkeit und manchen Sozialhilfen steckt darin, dass wir diesen grundsätzlichen Aspekt nicht mehr sehen: Nichtstun korrumpiert den Menschen. Ich halte daher gemeinnützige Arbeit für wichtig und sinnvoll – auch die Verpflichtung dazu. Ich denke an meine frühen Klosterjahre zurück, in den frühen 60er Jahren. Wenn damals die Obdachlosen kamen – „Tippelbrüder" wurden sie seinerzeit genannt – und etwas zum Essen wollten, dann hat der alte Bruder, der ihnen zu essen gegeben hatte, sie nachher hinausgeschickt, damit sie Laub rechen oder eine andere leichte Arbeit tun konnten. Der Betreffende hatte ja auch etwas bekommen. Der Empfang von Sozialleistungen verpflichtet.

In den Kommunen muss so etwas heute genauso möglich sein, auch wenn das für einige moralisch unkorrekt sein mag, und auch wenn Gewerkschaften und Unternehmer klagen – die einen wegen angeblicher Ausbeutung und die anderen, weil ihnen Aufträge weggenommen würden.

Dass Gewerkschaften die Rechte von Arbeitnehmern vertreten, ist richtig und gut. Und dass Arbeitgeber ans eigene Portemonnaie denken, ist auch menschlich. Aber an solchen Arbeiten ist nicht viel zu verdienen. Und manchem Arbeitgeber wäre zu raten, selber mitzumachen – damit sie wissen, was gedacht wird und wie die Menschen leben. Ein Manager hat mir erzählt, dass er früher als Student sein Geld verdient hat, indem er kellnerte. Er ist heute besonders freundlich zu Kellnern, weil er weiß, welch schweren Job die haben. Man weiß so einfach mehr von den Menschen. Wenn ich selber früher, als ich in München studierte, um Viertel vor fünf mit dem Fahrrad zu Schwestern in der Nervenklinik fuhr, um die Messe mit ihnen zu feiern, bin ich oft türkischen Müllarbeitern begegnet. Ich bin abgestiegen und haben mich mit ihnen unterhalten. Es liegt auch an diesen Kontakten, dass ich die Türken mag.

Gewinnstreben und Gewinnsucht

Es geht nicht darum, den Reichen ihr Geld zu neiden. Die Frage ist auch: Was tun die mit ihrem Geld? Der Reiche kann durchaus Gutes und Sinnvolles mit seinem Vermögen tun. Und ich begegne immer wieder auch Unternehmern, Bankern und Managern, denen menschliche Anteilnahme wichtig ist und die viel sensibler über ihre Situation nachdenken, als öffentliche Klischees es vermuten lassen.

Aber auch die andere Beobachtung trifft zu: Es gibt nicht nur die Zerstörungskraft, die in riskanten Technologien liegt. Eine destruktive Kraft liegt auch im Streben nach ökonomischem Gewinn. Auch hier gibt es einen menschlichen Verantwortungsbereich. Gott hat uns die Freiheit gegeben. Wir können abhängig und süchtig werden. Und die Freiheit zum Unguten missbrauchen. Die Vorstände der deutschen Dax-Konzerne streichen heute wieder mehr ein als vor der Finanzkrise. Das sei international so üblich. Ein Viertel dieser Vorstände kommt ja auch aus anderen Ländern. Ich glaube, das ist eine Ausrede. Es ist nichts dagegen einzuwenden, wenn einer viel verdient, von dem auch viele Arbeitsplätze abhängen. Aber Maßlosigkeit ist von Übel.

Humane Führung

Alle die Aspekte, die sich um humane Menschenführung drehen, haben – so konkret sie sein mögen – immer mit dem grundsätzlichen Aspekt des Menschenbilds zu tun. Der wichtigste Grundsatz ist: Der Mensch ist von Gott frei geschaffen. Die andere Einsicht, die dazu gehört: Der Mensch ist auch schwach. Theologisch gesprochen: Er ist Sünder.

Die Frage ist nun, wie wir mit diesen zwei Seiten menschlicher Wirklichkeit umgehen. Dazu gibt es Hinweise bei Benedikt. Er hält nicht von Perfektionismus. Auf dem Boden einer perfektionistischen Haltung gedeiht Unbarmherzigkeit. „Man soll das geknickte Rohr nicht brechen", zitiert er aus dem Alten Testament: „Er handle klug und gehe nicht zu weit, sonst könnte das Gefäß zerbrechen", so fährt er fort, „Damit wollen wir nicht sagen, er dürfe Fehler wuchern lassen, vielmehr schneide er sie klug und liebevoll weg." Das ist Benedikt!
Darin steckt sehr viel Weisheit, Geduld und Menschenliebe. Um zu einer solchen Haltung zu kommen, muss ich auf Macht und Durchsetzung des eigenen Willens verzichten. Viele sind da zu hektisch: Man kann nicht so lange warten. Es muss Ordnung her. Daher heißt es: Durchgreifen. Und zwar sofort.
Bei einer guten Führung sind Geduld und Menschenliebe nichts Fremdes.
Sie zahlen sich in aller Regel auch aus.

Wie gehen wir miteinander um?

Eine gute Führungsperson zeichnet sich dadurch aus, dass sie sich auch um die grundsätzlichen Gedanken der Führung kümmert und die eigene Rolle reflektiert. Kürzlich hielt ich einen Vortrag vor Managern eines großen Industrieunternehmens. Der CEO machte sich Notizen. Und am Ende rekapitulierte er vor seinen Mitarbeitern ein paar Stichpunkte. Es waren genau die richtigen. Zum Beispiel: Ich brauche Querdenker. Oder: Auch ich laufe Gefahr, dem Machtstreben zu verfallen.

In Führungsetagen begegnen wir immer wieder Verhaltensmustern, die ideologisch verbrämt werden: als Auftrag, als Sendung, oder als Tugend des Gehorsams. Die aber faktisch nichts anderes sind als Unterdrückungsmechanismen.
Und immer wieder begegnet man auch einem Argumentationsmuster, das in Wirklichkeit nur Machtdurchsetzung kaschiert. Gesagt wird: Ich trage die letzte Verantwortung. Und gemeint ist oft genug damit nur: Ich setze mich durch, ohne Wenn und Aber und ohne Rücksicht auf Verluste.

Wie kann man, wie soll man sich dazu verhalten? Im Prinzip gibt es die zwei Möglichkeiten:
Man kann auf die Widersprüche hinweisen, die zwischen Anspruch und Wirklichkeit liegen.
Und man kann – und sollte es, wo immer es möglich ist, auch tun – den Mächtigen ins Angesicht hinein widerstehen.

Menschen, die Leitungsfunktionen haben, sollen in aller Regel bestimmte Ziele erreichen. Sie spüren Widerstand, sie merken, dass andere Vorstellungen existieren. Und sie reagieren sensibel auf den Widerstand. Das ist verständlich. Natürlich ist es – für jeden – einfacher, wenn er seine Ziele ohne Widerspruch durchsetzen kann.

Mir geht es ähnlich: Wenn mir jemand Widerstand leistet, ist auch mir das nicht angenehm. Mitunter steigert es aber die Aggression im positiven Sinn. Eine solche Haltung fordert einen auch selber heraus und treibt einen an, es noch besser zu machen.

Aber manchmal ist es einfach nur Herrschsucht, was da im Umgang miteinander sichtbar wird. Herrschsucht ist tief in uns verankert, und gerade Menschen in Führungspositionen sind besonders gefährdet.

Tu nichts ohne Rat

Auch moderne Manager können von der Weisheit eines Benedikt lernen: „Tu nichts ohne Rat, dann brauchst du hinterher nichts zu bereuen." Benedikt zitiert dabei ein Wort aus dem Alten Testament. Alle gilt es zu Rate ziehen – vor allem die Jüngeren, weil Gott nicht selten ihnen eingibt, was das Bessere ist. Wir haben ja fast nirgendwo mehr wirklich beratende Gremien – also solche, in denen jeder den Mut hat zu sagen, was er wirklich denkt. Die meisten haben Angst, Klartext zu reden, weil es das Ende ihrer Karriere bedeuten könnte. Von privaten Gesprächen mit Vorstandsmitgliedern weiß ich um die Angst, die Wahrheit zu sagen. Es ist unglaublich, wie viele sich einpassen, wenn sie in einer bestimmten Position sind.

Das schadet letztlich der Wirtschaft. Und es tut der Gesellschaft nicht gut. Der Mut, zu einer erkannten Wahrheit zu stehen, ist ein Bestandteil der Freiheit. Wer sich in der Geschichte auskennt, weiß: Die Geschichte der Freiheit ist eine Geschichte des Widerspruchs, nicht des Machtkalküls oder der opportunistischen Anpassung.

Ethik in der globalisierten Welt

Es geht auch und gerade in der globalisierten Welt nicht ohne Ethos, es geht nicht ohne Werte und ohne Tugenden. Es gibt Prinzipien wie Ehrlichkeit und Fairness, an die sich alle Firmen halten sollten – und an die sie sich halten können. Diese Werte zahlen sich auf Dauer aus. Sie haben beispielsweise die Hansestädte im Ostseeraum groß und bedeutend gemacht. Allerdings sollten wir auch hier wieder vorschneller Moralisierung begegnen. Denn wir erheben meines Erachtens zu schnell den moralischen Zeigefinger. Ich habe schon vor Jahren gelegentlich gespottet: „Was man in Afrika Korruption nennt, heißt bei uns Provision." Nun wollen wir in Deutschland und Europa auch da alles richtig machen. Mittlerweile treiben die Antikorruptionsbestrebungen merkwürdige Blüten, dass man nicht mal mehr einen Blumenstrauß annehmen darf, ohne in den Verdacht der Bestechlichkeit zu geraten. Es scheint eine deutsche Eigenschaft zu sein, nie das rechte Maß zu finden!

6. Neue Dimensionen der Verantwortung

Verantwortliche Mitschöpfer

Überschreiten wir unsere Grenzen, indem wir die Grenzen des Machbaren immer weiter hinausschieben? Sind wir an Grenzen unseres Wachstums angelangt?

Gott hat den Menschen zum Mitschöpfer berufen. Der Mensch hat unglaubliche schöpferische Möglichkeiten. Wenn ich in einem Airbus 380 sitze, dann bewundere ich in diesem Flugzeug ein technisches Wunderwerk. Und dann denke ich an ein anderes Wunderflugzeug, die Concorde, die nach dem tragischen Absturz nicht mehr fliegt. Ich denke auch an die Fortschritte der Medizintechnik und an die ethischen Dilemmata, die sich aus diesem medizinischen Fortschritt ergeben. Plötzlich stehen wir in Gefahr, uns, z.B. in der Präimplantationsmedizin, zu Herren über Leben zu machen.

Menschliche Technik bringt uns Wunderwerke der Innovation. Aber alles, was es an technologischem Fortschritt gibt, kann ich auch destruktiv einsetzen. Das ist nichts Neues. Ein Brotmesser konnte man schon immer auch zum Mord des Nachbarn verwenden. Aber durch die Steigerung technischer Möglichkeiten vergrößert sich zugleich das zerstörerische Potential. Je weiter fortgeschritten die Technik ist, desto gefährlicher auch ihre Schattenseiten. Mit den Autos kamen die Autounfälle. Flugzeuge fliegen mit weit höherem Sicherheitsaufwand. Wenn es allerdings zu einem Unglück kommt, beeindruckt es uns mehr als die Verkehrsunfälle, die jährlich weitaus mehr Todesopfer einfordern. Und ein Reaktorunfall bei Atomkraftwerken, die in aller Regel den höchsten Sicherheitsstandard haben, kann ganze Landstriche auf Jahrhunderte hinaus unbewohnbar machen.

Dank menschlicher Innovationskraft hat der Fortschritt in unserer von Technik geprägten Welt alte Menschheitsträume verwirklicht und zu früher unvorstellbaren Freiheitsräumen geführt. Aber das hat auch eine andere Seite. Wir können die Technik bis zur Unbeherrschbarkeit vorantreiben. Der Ikarus der griechischen Sage, der sich Flügel aus Wachs baute und der Sonne entgegenflog und trotz der Warnung seines Vater immer höher flog und abstürzte, als er ihr zu nahe kam, ist das Urbeispiel menschlicher Hybris.

Der Golem ist ein anderes Bild dafür, wie Freiheit und Unfreiheit Hand in Hand gehen, wie hilfreich und zerstörerisch Kräfte in einer Entwicklung der Technik verbunden sind. Der Golem, ein künstlicher Mensch, wurde nach der jüdischen Mythologie dafür geschaffen, seinem Herrn Arbeit abzunehmen und ihn zu schützen. Aber er ist gleichzeitig gefährlich, weil er fehlerhaft ist, aber trotzdem an Kraft immer weiter zunimmt. Wenn man ihn nicht ständig überwacht, kann er auch seinen Herrn mit seiner wilden Kraft vernichten.

Schwierige Verantwortung

George B. Shaw hat einmal gesagt, Freiheit bedeute Verantwortlichkeit und das sei auch der Grund, wieso die meisten sich davor fürchten. Viele sind, wenn es um die Bewertung geschichtlicher Vorkommnisse geht, leicht mit dem Vorwurf „verfehlte Verantwortung" zur Hand. Historiker können zumindest die Umstände einer historischen Entscheidung beschreiben, sie können etwas über die charakterlichen und situativen Umstände sagen. Aber so viel ist sicher: Freiheit kann, wenn es um die unabsehbaren Folgen unseres Handelns in der Zukunft, um Entscheidungen von weitreichender und schwer absehbarer Tragweite geht, eine furchtbare Last sein. Man ist immer erst hinterher klüger.

Götter oder Sklaven?

Vielleicht sind wir an den Grenzen des Wachstums angelangt, wenn wir merken: Wir stellen in unserer Freiheit Dinge her, denen gegenüber wir nicht mehr frei sind, die sich unserer Beherrschung entziehen. Wir fühlten uns als Götter und finden uns als Sklaven unserer eigenen Produkte wieder.

Wenn wir als Menschen überleben wollen, müssen wir wieder akzeptieren, dass wir Geschöpfe Gottes sind. Wir sind nicht absolut frei. Unsere Freiheit finden wir nur in den Grenzen, die die Schöpfung vorgibt. Wir sind nicht Götter. Wir können nicht selbst die Welt schaffen. Und wir können sie auch nicht unter dem Prinzip der Rentabilität sehen. Genau in diesem Rahmen können wir als Mitschöpfer Gottes unendlich viel Gutes schaffen. Schöpfung bedeutet: Ehrfurcht. Und unsere Freiheit bedeutet Respekt vor dem, was uns vorgegeben ist.

Wo war Gott?

Wir kennen auch den abwesenden Gott. Immer wenn große Katastrophen passieren, fragen die Menschen: Wo ist Gott? Auch nach der Katastrophe von Fukushima kam diese Frage.

Gott ist immer da. Ich kann mich in meiner Not immer an ihn wenden. So wie Jesus immer bei den Menschen war. In ihrer Not war er präsent. Er hat gesagt: Ich bin nicht als Arzt zu den Gesunden gekommen, sondern zu den Kranken. Aber auch wenn Gott meine Hoffnung bleibt: Er ist nicht der, der unsere Fehler ausbügelt. Wir dürfen uns ihn nicht so vorstellen wie Eltern, die kleine Kinder immer wieder aus der Gefahrenzone wegzerren, die schnell zugreifen und ihnen sagen: „Pass auf! Ich helfe dir, ich mache das für dich wieder richtig." Wo bliebe da die Freiheit? Gott nimmt uns ernst in unserer Freiheit und überlässt uns die Verantwortung.

Ich weiß keine Antwort auf die Probleme der großen Naturkatastrophen. Leid oder Tod bleiben das große Fragezeichen. Aber schon in der Bibel finde ich Hinweise. Die Geschichte von Adam und Eva etwa. Schon das ist eine Geschichte, die mit unserer Freiheit zu tun hat: Sie wollten alles selber tun und haben sich von Gott abgewandt. Die Bibel sieht den Menschen in einer Einheit mit der Natur, den Tieren, der Umwelt. Sie sieht in den Katastrophen der Natur einen Ausdruck der Teilhabe an dieser
Gottesabwendung.

Aber klar ist auch: Gott ist kein Sadist, der Lust zur Bestrafung hätte. Wer sagt, dass Erdbeben oder Naturkatastrophen eine Strafe Gottes seien, beleidigt Gott und die Menschen. Das ist Überzeugung der Theologie. Als Mahnung, dass wir uns nicht allzusehr auf unsere technischen Möglichkeiten verlassen dürfen, dass uns Menschen Grenzen gesetzt sind, die wir in aller Freiheit und Verantwortung zu respektieren haben, dürfen wir sie aber durchaus sehen.

Wer ist verantwortlich?

Atomkraft erzeugt Strom für ganze Regionen und ist zerstörerischer als alles, was wir uns vorstellen können. Unfälle sind nicht nur möglich, sondern von ebenso großer Konsequenz. Und was möglich ist, kann wirklich werden. Das ist das Gesetz von Murphy. Es besagt, dass irgendwann etwas schief geht, wenn etwas schief gehen kann. Das widerspricht zwar einem Gesetz der philosophischen Logik: Ab esse ad posse illatio valet, a posse ad esse non valet – Der Schluss vom Sein zum Möglichen gilt, nicht aber vom Möglichen zum Sein. Dieses Gesetz besagt, dass zwar von der Wirklichkeit auf eine Möglichkeit geschlossen werden kann, nicht aber muss schon wirklich sein, was möglich ist. Das gilt besonders beim Verdacht. Die Wirklichkeit hält sich allerdings nicht immer an Gesetze der philosophischen Logik. Irgendwann, so sagt Murphy, wird es passieren, wenn es passieren kann. Irgendwann kann auch eine A 380 vom Himmel fallen. Und irgendwann – vor kurzem – ist auch das Kernkraftwerk explodiert, das so sicher schien. Was heißt das für unsere Freiheit? Für unsere Verantwortung?

Zu unserer Freiheit gehört auch, dass wir Dinge zu Ende denken können. Und dieses Zu-Ende-Denken beinhaltet, dass man bedenkt, dass sich nicht alles nach unseren Plänen richtet und dass die Natur nicht immer „ordnungsgemäß" nach unseren Maßstäben und gedanklichen Vorgaben abläuft. Dürrenmatt sagt bekanntlich in seinen berühmten „21 Punkten zur Komödie ‚Die Physiker'"

schon 1960, dass eine Geschichte erst dann zu Ende gedacht sei, wenn sie ihre schlimmstmögliche Wendung genommen hat: „Je planmäßiger die Menschen vorgehen,
desto wirksamer vermag sie der Zufall zu treffen."
Nicht nur Komödien, auch Tragödien sind davon bestimmt.

Unsicherheit ist Teil unserer Freiheit

Bei Reaktorunfällen ist der Mensch verantwortlich, auch wenn er das Ausmaß nicht klar gesehen hat, das auf ihn zukommen wird. Aber man muss auch mit schlichtem menschlichem Versagen rechnen. Es kann vorkommen, dass ein Arbeiter etwas vergisst. In Tschernobyl war es ein simulierter Stromabfall, der in einer Verkettung unglücklicher Umstände mit menschlichem Versagen zum GAU führte. Bei dem Flugzeugabsturz bei Überlingen kam es zu einer Katastrophe, weil der Fluglotse allein war und auf die Toilette ging. Solche Fälle wird es immer geben. Diese Unsicherheit ist Teil unserer Freiheit.

Verantwortung

Der Tsunami, das Erdbeben und die Reaktorkatastrophe in Japan haben gezeigt: Es liegt viel an uns. Und vieles auch wieder nicht. So wichtig die Verantwortung für Vorsorge ist: Gegenüber den Katastrophen sind wir nicht frei. Wir können nur Schutzwälle hochziehen. Die können im Ernstfall zu niedrig sein. Wir können Reaktoren auf Erdbeben der Stufe 8,2 auslegen. Und wenn dann ein Beben mit der Stärke 8,9 kommt? Entscheidend ist die Einsicht: Wir gestalten die Welt, und wir haben die Verantwortung, uns zu schützen. Wir schützen uns ja auch gegen Unwetter. Das gilt immer, auch im Kleinen, Alltäglichen – und nicht nur für spektakuläre Katastrophen.

Andererseits müssen wir der Natur auch ihren Lauf lassen. Zwar kann es nützlich und gut sein, wenn wir Flussläufe regulieren. Aber wenn wir sie überregulieren, kann es zu Überschwemmungskatastrophen kommen. Eindimensionales Denken führt immer in die Irre.

Diese komplexen Zusammenhänge und Abhängigkeiten zu kennen und sie in unsere Vorsorge einzubeziehen, ist Teil der Überlebensbedingungen in der modernen Welt.

Es gehört aber bleibend zu unserer Welt, dass es Leid, Tod, Unglück und katastrophale Ereignisse gibt. Das ist unsere Lebensbedingung. Leben bleibt riskant.

Risiken abwägen

Unser Leben heute besteht darin, dass wir in vielen Situationen Risiken abwägen und in aller Regel versuchen, Gefahren möglichst aus dem Weg gehen. Ob wir mit dem Auto ein Überholmanöver abschätzen, zu Fuß über eine stark befahrene Straße gehen oder eine Urlaubsreise in ein exotisches Land planen – Risiken sind mit den komplexen Lebensbedingungen in der modernen Welt in erhöhtem Maß verbunden. Wir stellen uns darauf ein. Wir wissen es, auch wenn wir vielleicht, weil es schon zur Routine geworden ist, nicht immer darüber nachdenken. Wir leben mit Risiken. Nicht nur jede Autofahrt, jede Flugreise ist mit einem Risiko behaftet, schon der einfache Gang über die Straße kann tödlich enden.

Die Freiheit der individuellen Risikoabwägung haben wir bei Kernkraftwerken natürlich nicht. Das Flugzeug landet nach der festgelegten Flugzeit wieder auf sicherem Boden. Dem Risiko der Kernkraft – wie hoch man es auch immer einschätzt – sind nicht nur Einzelne ausgesetzt, sondern wir alle, und zwar rund um die Uhr. Nach der Reaktorkatastrophe von Fukushima haben Politiker gesagt, das Unmögliche sei möglich geworden – und daher müsse man umdenken. Andere, die schon vorher kritisch gegenüber den Risiken der Kernkraft, den so genannten Restrisiken waren, haben dagegen gehalten: Nein, nicht das Unmögliche sei möglich geworden, sondern das Mögliche sei wirklich geworden.

Wir müssen vorsichtiger und bescheidener werden im Blick auf das, was wir gestalten, d.h. steuern und beherrschen können. Und wir dürfen nicht nur an kurzfristigen Gewinn und Nutzen denken, sondern Verantwortung langfristig wahrnehmen. Fukushima hat die Grenzen technischer Machbarkeit gezeigt und uns an unsere Geschöpflichkeit erinnert. Wir sind eben keine göttergleichen Herren der Schöpfung. Schon Tschernobyl hat gezeigt, dass Risiken der Kernkraft sich weder räumlich noch zeitlich eingrenzen lassen. Die atomare Wolke zog einfach weiter. Die Verstrahlung hat nicht aufgehört.

Vielleicht wird nach Fukushima auch die Tugend der Demut wieder entdeckt, und vielleicht wächst die Erkenntnis, dass es zu unserer Freiheit ebenso wie zu unserer Verantwortung gehört, dass wir das Risiko kennen und wissen, dass es größer ist als es noch so komplexe theoretische Berechnungen vorher ergeben haben. Das wäre immerhin ein Gewinn. Es gehört zu unserer Freiheit und Verantwortung, daraus die Konsequenzen zu ziehen.

Unersättlichkeit macht unfrei

Wir müssen uns frei machen von einem einlinigen Denken. Das gilt auch in der Debatte um Energiegewinnung. Atomenergie hat den Vorteil, eine saubere Energiequelle zu sein. Dass die Nachteile in ihrem Risiko derart massiv sind, wie das bei dem japanischen Reaktorunfall offenkundig wurde, wurde vorher so nicht gesehen. Bei uns in Deutschland ist das Risiko durch Erdbeben und Tsunamis nicht gegeben, aber es gibt andere Risiken: Materialverschleiß etwa. Auch darin liegt noch nicht der Machbarkeitswahn. Bei allem legitimen Interesse, Erfindungen weiterzuentwickeln, müssen wir sehen, dass wir immer mehr an unsere Grenzen kommen, die eben doch nicht kalkulierbare Risiken zur Folge haben. Die Frage der Endlagerung ausgebrannter Brennstäbe ist keineswegs gelöst. Ich habe immer gesagt: In meinen Augen ist schon der Besitz und die Lagerung von ABC-Waffen kriminell. Und Skeptiker fragen heute zu Recht, ob wir in einer Welt leben wollen, in der Dutzende von Staaten über Kernkraftwerke verfügen, die jederzeit Waffenplutonium herstellen können. Was mit der Kernkraft möglich ist, geht an die Substanz und den Bestand der Schöpfung selber.

In der Erzabtei St. Ottilien haben wir schon sehr früh die Möglichkeiten der Natur genutzt, um Energie zu gewinnen. Nahezu zeitgleich mit der Gründung der Abtei wurde mit dem Wasser eines nahegelegenen Flusses ein Elektrizitätswerk in Betrieb genommen. Heute decken wir den Energiebedarf des Klosters mit nachwachsenden Stoffen wie Holzabfällen und Biogülle. Auch andere Klöster, wie Münsterschwarzach oder Plankstetten, sind Vorreiter einer ökologischen Wende in der Energieversorgung.

Auch die heute diskutierten Alternativen zur Kernenergie bergen Risiken und Probleme: Neue Kohlekraftwerke verstärken den Klimawandel, Wind- und Solarenergie brauchen neue Netze, die Geothermie ist noch nicht ausgereift und Bioenergie steht in anderen Zielkonflikten. Aber eines ist sicher: Die Unersättlichkeit im Verbrauch der Energie hat keine Zukunft angesichts der Begrenztheit und der Risiken der Energiequellen. Diese Unersättlichkeit macht uns unfrei. Wir können nicht unbegrenzt Energie verbrauchen. Und diese Einsicht hat Konsequenzen auf den Lebensstil und den Lebensstandard auch der Industriegesellschaften. Wir müssen die Grenzen anerkennen und unser Maß wieder finden. Und das heißt: Wir müssen unser Leben ändern. Auch das ist eine Frage von Freiheit und Verwantwortung.

Absolute Sicherheit gibt es nicht

Wer an das Gute im Menschen glaubt, wird auch immer wieder erfahren: Es gibt Menschen, die verantwortlich denken und bereit sind, Verantwortung zu übernehmen. Wenn ich an die Feuerwehrleute in New York denke, die in die zusammenstürzenden Türme des World Trade Center gingen, oder an die Feuerwehrleute in Japan, die in der Stunde der Katastrophe und durchaus im Wissen, welche Gefahren da lauern, nach Fukushima fuhren, im Versuch, den Reaktor zu kühlen. Sie opfern sich ganz bewusst für andere, überwinden ihre Angst und übernehmen Verantwortung. Auch das ist Freiheit.

Ich muss dem Menschen etwas zutrauen. Wer allein auf die Sicherheit setzt, kann die Freiheit auch gefährden: Dann gibt es keine Freiheit mehr. Wer absolute Sicherheit will, muss die Freiheit einsperren. Der Mensch hat die Freiheit. Und Freiheit bedeutet apriori Unsicherheit und Risiko. Wie mein Vater gesagt hat: „Seit einer das Sterben erfunden hat, ist man seines Lebens nicht mehr sicher." Freiheit besteht eben nicht nur aus Privilegien und aus eingeräumten Möglichkeiten, sondern aus Verantwortung und Pflichten.

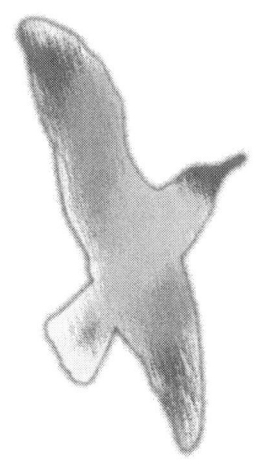

Ausblick

Die Freiheit ist ein unerschöpfliches Thema. Doch sie muss immer neu ins Bewusstsein gerufen werden. Sie ist das schönste Geschenk Gottes an den Menschen, sie ist *seine* Freiheit; denn er hat den Menschen nach seinem Bild und Gleichnis geschaffen. Die ganze Bibel ist eine Geschichte der Befreiung des Menschen, nicht nur des israelitischen Volkes, sondern der Erlösung des Menschen von den Fesseln der Sünde und Unterdrückung. Die Idee der Freiheit hat im Abendland eine lange Entwicklungsgeschichte hinter sich. Freiheit ist zu einem Grundbegriff moderner Demokratien und zum zentralen Begriff der Menschenrechte geworden. Ihre Geschichte wird weitergehen, wir alle gestalten sie.

Sie ist aber auch ein kostbares, fragiles Gut. Wir haben die totalitären Systeme des vorigen Jahrhunderts erfahren und wissen, dass die Freiheit auch heute vielerorts unterdrückt wird, wirtschaftlich, politisch und religiös, bis hin zu Verfolgungen. Bedroht ist sie nicht nur in fernen Ländern und durch diktatorische Systeme. Wir müssen gar nicht so weit gehen: Auch Mobbing am Arbeitsplatz behindert die Entfaltung menschlicher Qualitäten. Nicht zu reden von den zahlreichen Süchten und Abhängigkeiten einzelner Menschen. Überall ist die Freiheit gefährdet. Das Ringen um Freiheit ist Aufgabe eines jeden Einzelnen, eine gesamtverantwortliche Auseinandersetzung in der Gesellschaft und der Gemeinschaft der Völker.

Auch im Zeitalter des Internet, in dem alles Wissen und alle Informationen allen frei zugänglich scheinen, sind

Nachdenklichkeit und kritisches Bewusstsein unvermindert wichtig, vielleicht wichtiger denn je. Freiheit verlangt die sokratische Tugend des ständigen Hinterfragens und Aufdeckens angeblicher Freiheiten, die in Wirklichkeit nur Unterdrückung, Abhängigkeiten und Willkür verdecken.

Deshalb ist dieses Buch mit Leidenschaft für die wahre Freiheit geschrieben. Es möchte die Lust auf Freiheit, die Freude an der Freiheit wecken. Es ist die Freude eines Kindes am Spiel, am Springen, am Tanzen. Rockgruppen haben das Lebensgefühl einer ganzen Generation so ausgedrückt: „Born to be wild," war der Song der kanadisch-amerikanischen Band „Steppenwolf", und „Born to be free" des britischen Künstlers Sonique war 2003 zum ersten Mal zu hören. Millionen junger Menschen haben sich davon ansprechen lassen.

Und doch muss die Freiheit immer wieder eingefangen werden, nicht in Fesseln, sondern in Leitplanken, damit sie nicht abstürzt, sich selbst und andere zerstört. Spätestens der Respekt vor dem andern ist die Grenze; aber sie ist eigentlich keine Grenze, die uns von anderen trennt, denn Freiheit können wir nur mit anderen verwirklichen. Wir Menschen sind so geschaffen. Freiheit braucht Verantwortung, Freiheit braucht das rechte Maß.

Freiheit kann Angst erregen; plötzlich fühlen wir uns wie auf einer Bergspitze und sehen neben uns den Abgrund, fühlen uns wie auf einer Klippe und erkennen um uns das wogende Meer. Wir suchen Halt und Sicherheit wie die

Kinder bei Mutter und Vater. Erwachsen werden bedeutet, sich der Herausforderung der Freiheit zu stellen, Freiheit auf sich nehmen, mit all den Verantwortungen, die wir plötzlich sehen, die Verantwortung für die Familie, die Verantwortung im Beruf, die Verantwortung im öffentlichen Leben. Diese Verantwortung können und dürfen wir uns nicht abnehmen lassen. Wir dürfen uns nicht entmündigen lassen und uns nicht selbst entmündigen. Aber wir brauchen die andern, um mit ihnen das Leben zu bestehen und die Freiheit verwirklichen zu können.

Der Weg in die Freiheit ist ein ständiger Prozess, im individuellen wie gesellschaftlichen Leben, nicht zuletzt im globalen Zusammenleben. Er braucht Zeit und Geduld. Freiheit muss reifen. Und wir müssen immer wieder neu ansetzen. Freiheit ist kein Zustand, den wir ein für alle mal erreichen könnten. Wir können auch wieder hinter die Freiheit zurückfallen. Werte wie Personwürde, Demokratie und Rechtsstaatlichkeit sind kostbare Güter.

Doch wenn wir die Freiheit erreicht haben, ist es ein erhebendes Gefühl. Wer sie einmal verkostet hat, wird immer wieder nach ihr verlangen. Freiheit verwirklicht sich in Visionen, in Entdeckungen, im kreativen Gestalten, in der Bewegung, im Miteinander im Team, in menschlicher Lebensgemeinschaft. Freiheit macht das Glück unseres Lebens aus, das immer wieder vor uns liegt.

Menschen, von den wir den Eindruck haben, sie sind frei, souverän, in Distanz zu sich selbst, in gewachsener Gelas-

senheit, faszinieren. Sie verkörpern die Freiheit. Sie wirken allein durch ihr Dasein.

Freiheit – ein Abenteuer, eine Faszination, die uns immer
wieder stimuliert.

Haben wir den Mut zu diesem Abenteuer!

Einige Texte sind folgenden Büchern von Notker Wolf entnommen:

Mitten im Leben wird Gott geboren, Herder 2010: S. 78f.
Im Schatten des großen Drachen, Kreuz-Verlag 2008:
    S. 80–82, 84–89.
Sieben Säulen für das Glück, Herder 2011: S. 72f, 109.

.

Printed in Poland
by Amazon Fulfillment
Poland Sp. z o.o., Wrocław

91505350R00096